Juridische basisvaardigheden

Juridische informatievaardigheden

Juridische basisvaardigheden

Mr. dr. C.L. Hoogewerf
Mr. A.S. Hulster
Mr. W. Riphagen

Boom Juridische uitgevers
Den Haag
2010

Omslagontwerp: Twin Media bv, Culemborg
Opmaak binnenwerk: Twin Media bv, Culemborg

ISBN 978-90-8974-333-6
NUR 820

www.bju.nl

Inhoud

1 Het zoeken in de wettenbundel

Een student die een juridische opleiding volgt, krijgt met een wettenbundel te maken. In een wettenbundel is een verzameling van regelingen opgenomen. De meeste regelingen zijn wetten. In een wet zijn regels vastgelegd om de samenleving beter te laten functioneren. Wetten worden vastgesteld door een besluit van een overheidsorgaan. Nu bestaan er formele wetten en materiële wetten. In de wettenbundel staan vooral formele wetten, wetten of regelingen die tot stand zijn gekomen door samenwerking van de Regering met de Staten-Generaal. In de naam van een formele wet staat altijd het woord 'wet' of 'wetboek'. Het is niet de bedoeling om de nogal dikke wettenbundels uit het hoofd te leren, maar het is wel belangrijk om goed en snel in de wettenbundel te kunnen zoeken.

Wettenbundels worden uitgegeven door (juridische) uitgeverijen. De uitgever bepaalt ook in welke volgorde de regelingen worden opgenomen. Gezien de grote hoeveelheid regelingen, wordt een wettenbundel vaak gesplitst in verschillende delen, bijvoorbeeld een deel Publiekrecht en een deel Privaatrecht.
Als praktisch hulpmiddel bij het zoeken in de wettenbundel wordt aanbevolen de door de uitgever meegeleverde tabs in uw wettenbundel te plakken.

Opdracht

1 Geef een voorbeeld van een rechtsgebied dat onder het Publiekrecht valt en een voorbeeld van een rechtsgebied dat onder het Privaatrecht valt. Motiveer uw keuze.

1.1 Structuur van een wet en opbouw van een regeling

Structuur van een wet

Wetten zijn opgebouwd uit een aantal vaste elementen:

- Opschrift of intitulé: Wet van 9 oktober 1991, houdende bepalingen, enzovoort. De vermelde datum is de datum van ondertekening of bekrachtiging door de Koningin.
- Aanhef (met considerans): Wij Beatrix (...) Alzo Wij in overweging genomen hebben (...).
- Lichaam of corpus: kern van de regeling – de artikelen.
- Overgangs- en slotbepalingen. In de overgangs- en slotbepalingen staat de officiële naam van een wet. Wij noemen dat de citeertitel.

Veel wetten kennen naast hun citeertitel een afkorting. Voor veel gebruikte wetten, bijvoorbeeld het Burgerlijk Wetboek, wordt veelal de afkorting gebruikt, in dit geval 'BW'. U kunt deze afkortingen vinden vooraan in uw wettenbundel. Wanneer er geen afkorting bekend is, dient u de titel van de wet voluit te schrijven.

Opdrachten

2 Geef de afkorting weer van de volgende wetten:

- **a** Wetboek van Koophandel.
- **b** Wetboek van Strafrecht.
- **c** Wegenverkeerswet 1994.
- **d** Wetboek van Burgerlijke Rechtsvordering.
- **e** Wet op de Rechterlijke Organisatie.
- **f** Wet Ruimtelijke Ordening.

3 Zoek het opschrift of intitulé van de Wet op de ondernemingsraden op.

- **a** Wat is de datum van bekrachtiging door de Koningin?
- **b** In welk artikel staat de citeertitel?

4 U wilt in een schriftelijk betoog de WWM voluit opschrijven. U twijfelt over het gebruik van hoofdletters. In welk artikel van de WWM staat hoe deze wet moet worden aangehaald?

Opbouw van een regeling

Voor een duidelijke structuur zijn de meeste regelingen onderverdeeld. Dat kan zijn in boeken, hoofdstukken, titels, afdelingen en soms in paragrafen. De artikelen in de regelingen zijn vaak onderverdeeld in leden. Bij artikelen wordt ook nog met sub gewerkt. Het verschil tussen een lid en een sub is dat een lid een afgeronde zin vormt. Een sub is dat niet en kan alleen maar gelezen worden in samenhang met een daaraan voorafgaande zin.
Voorbeeld: artikel 1:1 lid 1 sub a Awb.

Opdracht

5
- **a** Noem twee voorbeelden van een wet die is onderverdeeld in boeken.
- **b** Hoe is de Faillissementswet opgebouwd?
- **c** Wat is opvallend aan de opbouw van de Bekendmakingswet?

1.2 Opbouw van het Burgerlijk Wetboek (BW)

Het Burgerlijk Wetboek is onderverdeeld in diverse boeken.

Opdracht

6 Geef aan welke onderwerpen in de diverse boeken van het Burgerlijk Wetboek worden behandeld.

Behalve Boek 7A beginnen alle boeken van het Burgerlijk Wetboek met artikel 1. Bij het citeren of aanhalen van een wetsartikel uit het Burgerlijk Wetboek, dient naast het artikelnummer ook het boeknummer te worden vermeld. Artikel 48 van Boek 1 BW wordt opgeschreven als artikel 1:48 BW. Het uitspreken van voornoemd artikel gebeurt anders dan het opschrijven van het artikel. Artikel 1:48 BW wordt uitgesproken als artikel 48 Boek 1 BW.

Opdracht

7 **a** Schrijf op de juiste wijze: artikel 162 van Boek 6 van het Burgerlijk Wetboek.

b Hoe wordt artikel 7:685 BW uitgesproken?

Er is gekozen voor een gelaagde opbouw. Bepaalde onderwerpen zijn in algemene zin omschreven, daarna wordt op een andere plaats in de wet het onderwerp nader ofwel gedetailleerd uitgewerkt.
Een voorbeeld van de gelaagde opbouw is de arbeidsovereenkomst. De arbeidsovereenkomst wordt gedetailleerd geregeld in Titel 10 Arbeidsovereenkomst van Boek 7 BW (derde laag). In dit deel van de wet staan geen algemene regels over de overeenkomst, die zijn vastgelegd in Titel 5 van Boek 6 BW (tweede laag). De basis wordt gevormd door Boek 3 BW Vermogensrecht in het algemeen (eerste laag).

Opdracht

8 In artikel 7:611 BW is vastgelegd dat een werkgever en een werknemer verplicht zijn zich als goed werkgever en een goed werknemer te gedragen. Een werkgever houdt zich strikt aan de in de arbeidsovereenkomst afgesproken en neergelegde voorwaarden. De werknemer vindt in een bepaalde situatie dat de werkgever onredelijk is.
Naar welke Boeken van het Burgerlijk Wetboek dient bij de uitleg van een arbeidsovereenkomst gekeken te worden? Motiveer het antwoord.

Conflictenregel

Door de gelaagde opbouw van het Burgerlijk Wetboek zijn vaak verschillende artikelen van toepassing. Er kan sprake zijn van tegenstrijdige bepalingen (conflictenregel). De algemene regel is dat *bijzondere (specifieke) bepalingen* vóór *algemene bepalingen* gaan. In het voorbeeld van de arbeidsovereenkomst gaan de artikelen van Boek 7 (specifiek) vóór Boek 6; de bepalingen van Boek 6 gaan vóór de bepalingen van Boek 3.

Ook binnen één bepaald boek van het Burgerlijk Wetboek geldt bij tegenstrijdige bepalingen de conflictenregel.

Opdracht

9 In artikel 7:653 lid 1 BW is vastgelegd dat een werkgever een concurrentiebeding niet mag afsluiten met een minderjarige werknemer. In artikel 7:612 BW is vastgelegd dat een minderjarige van zestien jaar een arbeidsovereenkomst mag aangaan. De minderjarige wordt in alles wat met de arbeidsovereenkomst te maken heeft, gelijkgesteld met een meerderjarige.
Geef gemotiveerd aan of een werkgever wel of niet een concurrentiebeding mag afsluiten met een minderjarige.

Schakelbepalingen in het Burgerlijk Wetboek

Het Burgerlijk Wetboek is, zoals uitgelegd, gelaagd opgebouwd. De wetgever heeft ervoor gekozen om bij bepaalde specifiek uitgewerkte onderwerpen zogenoemde *schakelbepalingen* op te nemen. Een schakelbepaling legt een relatie tussen diverse wetsartikelen. Bij een schakelbepaling worden andere bepalingen van overeenkomstige toepassing verklaard.

Voorbeeld

In artikel 7:47 BW, geregeld in Afdeling 10 van Titel 1 van Boek 7, worden de bepalingen van de vorige afdelingen van Titel 1 van toepassing verklaard voor zover dit in overeenstemming is met de aard van het recht.

Als op een casus meerdere artikelen van toepassing zijn, dan wordt het woord *juncto* gebruikt. Door 'jo.' (of 'j°') tussen de artikelen te plaatsen wordt aangegeven dat de artikelen in samenhang gelezen moeten worden, bijvoorbeeld artikel 3:78 BW jo. artikel 3:63 BW.

Opdracht

10 **a** Geef gemotiveerd aan of artikel 141 van Boek 6 wel of niet een schakelbepaling is.

b Leg uit waarom artikel 850 lid 3 van Boek 7 een schakelbepaling is.

1.3 Structuur van de Algemene wet bestuursrecht (Awb)

De Algemene wet bestuursrecht kent net als het Burgerlijk Wetboek een gelaagde opbouw. De Awb kent geen boeken, maar hoofdstukken. Zowel tussen de hoofdstukken als binnen de hoofdstukken is sprake van een gelaagde opbouw. Hoofdstuk 3 gaat over Algemene bepalingen over besluiten, hoofdstuk 4 gaat over Bijzondere bepalingen over besluiten.
In de Awb begint elk hoofdstuk met artikel 1, maar het nummer van het hoofdstuk wordt vóór het artikelnummer geplaatst. Artikel drie van hoofdstuk twee is genummerd als artikel 2:3 Awb. Het uitspreken van voornoemd artikel gebeurt anders dan het opschrijven van het artikel. Artikel 2:3 Awb wordt uitgesproken als artikel twee, drie Awb.

Opdracht

11 **a** Geef aan de hand van een voorbeeld aan dat de hoofdstukken van de Awb gelaagd zijn opgebouwd.

b De docent spreekt in het college over 'artikel vier, twee Awb'. Welk artikel bedoelt de docent en hoe wordt dit correct opgeschreven?

Schakelbepalingen in de Algemene wet bestuursrecht

Door de gelaagde opbouw van de Awb kent deze wet ook *schakelbepalingen.*

Voorbeeld

Artikel 6:24 Awb verklaart Afdeling 6.4, met uitzondering van artikel 6:12, van overeenkomstige toepassing indien hoger beroep of beroep in cassatie kan worden ingesteld.

Opdracht

12 Geef gemotiveerd aan of artikel 8:88 lid 2 Awb wel of niet een schakelbepaling is.

1.4 Het aanhalen of citeren van regelingen

Binnen de juridische wereld zijn afspraken gemaakt over het aanhalen of citeren van gevonden (wets)artikelen.

Niet doen:

- noem niet titel, afdeling, paragraaf, enzovoort;
- noem niet de pagina waarop het artikel staat.

Wel doen:

- noem het artikel, het lid en de naam van de wet:
  artikel 7 lid 1 Grondwet of artikel 7 lid 1 Gw of art. 7 lid 1 Gw;

- als het artikel een sub bevat deze ook vermelden bij het citeren:
  artikel 37 lid 1 sub a Grondwet;
- bij een opsomming binnen een artikel of een lid duidelijk aangeven welke wordt bedoeld:
  artikel 6 lid 1 sub 2 Wet op de economische delicten.

Het nummer van het artikel kunt u rechtstreeks overnemen uit de wet. Alleen bij het citeren van artikelen van het Burgerlijk Wetboek, dient u zelf het nummer van het Boek ervoor te plaatsen. U schrijft dus niet artikel 169 BW, maar artikel 6:169 BW.

Opdracht

13 Citeer op de juiste wijze de volgende artikelen:

a Het eerste artikel van Hoofdstuk 4, paragraaf 4.1 van de Wet milieubeheer.
b Het tweede artikel van Hoofdstuk 4 van de Grondwet.
d Het eerste artikel van Boek 4, Titel 1 van het Burgerlijk Wetboek.
c Het zesde artikel van het Tweede Boek, Titel VIII van het Wetboek van Strafrecht.
d Het derde artikel van Hoofdstuk 3, Afdeling 3.3 van de Algemene wet bestuursrecht.

1.5 Zoekmethodes

U kunt op twee manieren zoeken in de wettenbundel. Om het zoeken te vergemakkelijken zijn diverse registers opgenomen. Ten eerste kan er worden gezocht via het trefwoordenregister achter in de bundel (trefwoordenregistermethode). Ten tweede kunt u zoeken via de inhoudsopgaven van de opgenomen regelingen (systematische methode). Bij de laatste methode moet u weten in welke regeling u moet zoeken en u dient te begrijpen hoe een regeling is opgebouwd.

Opdrachten

14 a U bent op zoek naar een wetsartikel waarin staat dat een werkgever geen onderscheid mag maken tussen mannen en vrouwen bij het aangaan van een arbeidsovereenkomst. Hoe gaat u zoeken en welk(e) wetsartikel(en) vindt u?

b U bent op zoek naar een bepaling over het einde van het huwelijk. Hoe gaat u zoeken en welk(e) wetsartikel(en) vindt u?

15 In welke wetsartikelen wordt in beginsel strafbaar gesteld:

a bigamie
b verkrachting
c abortus
d doodslag

16 Waar is in de wet geregeld:

a aansprakelijkheid voor dieren
b aansprakelijkheid voor kinderen
c noodweerexces
d tekortkoming in nakoming van verbintenissen

17 a In welk wetsartikel is vastgelegd wat onder roerende en onroerende zaken moet worden verstaan?

b Is een weduwe van 17 jaar meerderjarig of minderjarig?

c In welk hoofdstuk van de Grondwet kunt u iets vinden over de Koning?

d Lees artikel 1:68 BW voor het beantwoorden van de volgende vraag. Mogen bruidsparen een dag voor het burgerlijk huwelijk een kerkelijk huwelijk sluiten?

e In de krant leest u dat iemand onder curatele is gesteld. In welk wetsartikel zijn de gronden voor ondercuratelestelling vastgelegd?

f Wat wordt in de Algemene wet bestuursrecht onder een 'belanghebbende' verstaan?

g In welk wetsartikel is geregeld dat de gemeente verordeningen mag maken?

h In welk wetsartikel staat de volgende zin: 'Ieder der partijen is te allen tijde bevoegd zich tot de kantonrechter te wenden met het verzoek de arbeidsovereenkomst wegens gewichtige redenen te ontbinden'?

i De werkgever is verplicht lokalen, werktuigen en gereedschappen waarin of waarmee de werknemer werkt goed te onderhouden om te voorkomen dat de werknemer schade lijdt. In welk wetsartikel is deze zogenoemde 'zorgplicht' van de werkgever vastgelegd?

Het Wetboek van Strafrecht is opgebouwd uit drie boeken. Het Eerste Boek bevat algemene bepalingen, in het Tweede Boek staan misdrijven en in het Derde Boek staan overtredingen. Zodra via de omschrijving van een delict het toepasselijke wetsartikel is gevonden, is eenvoudig vast te stellen of het om een misdrijf of om een overtreding gaat.

Voorbeeld

Opzettelijk onder ede een valse verklaring afleggen, ook wel meineed genoemd, is vastgelegd in artikel 207 Sr. Dit artikel is geregeld in Titel IX van het Tweede Boek Misdrijven, dit delict is dus een misdrijf.

Opdracht

18 **a** Is handelen in strijd met artikel 428 van het Wetboek van Strafrecht een overtreding of een misdrijf?

b Is overtreding van artikel 261 van het Wetboek van Strafrecht een overtreding of een misdrijf?

Bij delicten die niet in het Wetboek van Strafrecht staan, is het niet zo eenvoudig vast te stellen of het om een overtreding of een misdrijf gaat. Dit vergt systematisch zoeken binnen een bepaalde regeling. Vele regelingen kennen hun eigen strafbepalingen, die vaak aan het eind van de regeling zijn opgenomen. Neem als voorbeeld de Wegenverkeerswet 1994. Systematisch zoeken via de inhoudsopgave levert op dat de strafbepalingen te vinden zijn in hoofdstuk XI van de wet. De vaststelling of het om een misdrijf of om een overtreding gaat, is te vinden in artikel 178. Dit artikel verwijst door naar de artikelen 175 en 176 van de wet.

In de laatste twee artikelen worden overtredingen van diverse artikelen van de wet specifiek genoemd.

Voorbeeld

Artikel 11 WVW 1994 bepaalt: 'het is verboden opzettelijk wederrechtelijk een aan een ander toebehorend motorrijtuig op de weg te gebruiken' (joyriding). In artikel 176 lid 2 is de straf op overtreding van artikel 11 vastgelegd. In artikel 178 lid 1 is vastgelegd dat de in de artikelen 175 en 176 strafbaar gestelde feiten misdrijven zijn. Conclusie: overtreding van artikel 11 WVW 1994 is een misdrijf.

Opdracht

19 Geef aan of in de onderstaande gevallen sprake is van een misdrijf of een overtreding:

- **a** Overtreding van artikel 9 lid 1 WVW 1994.
- **b** Handelen in strijd met artikel 13 lid 1 WWM.
- **c** Handelen in strijd met artikel 47 lid 3 AWR.
- **d** De economische delicten die worden genoemd in artikel 1 sub 5 WED.

2 Het analyseren van wetsartikelen

2.1 Inleiding

Met de kennis van en het inzicht in het wettelijk systeem kunt u rechtsregels vinden die u denkt nodig te hebben om een juridisch vraagstuk op te lossen. U wilt bijvoorbeeld weten of tussen u en de telefoonaanbieder een overeenkomst is gesloten. In het wetsartikel 6:217 BW kunt u de (rechts)regel lezen wanneer een overeenkomst tot stand komt. Rechtsregels vindt u niet alleen in de wet, maar ook in de jurisprudentie, het internationaal recht en het gewoonterecht. In het vervolg komen alleen wetsartikelen ter sprake. Maar in beginsel geldt wat daar behandeld wordt ook voor jurisprudentie, internationaal recht en gewoonterecht.

2.2 Rechtsregel

Met een rechtsregel wordt in het recht aangegeven onder welke voorwaarden een bepaald gevolg intreedt. Als bijvoorbeeld de ene persoon een aanbod doet en de ander aanvaardt dit aanbod, dan is volgens artikel 6:217 BW een overeenkomst tot stand gekomen. In dit geval staat één rechtsregel in één wetsartikel. Dat is niet altijd het geval.
Zo is in artikel 289 Sr bepaald dat er pas sprake is van moord als aan de volgende voorwaarden is voldaan: opzettelijk, met voorbedachten rade, een ander, van het leven beroofd. Het voldoen aan al deze voorwaarden opent vervolgens de mogelijkheid tot het opleggen van een straf. In dit artikel staan dus twee regels. Een regel voor het begrip moord en een andere voor de straf.
Omgekeerd kan een rechtsregel ook over meerdere wetsartikelen verspreid staan. In artikel 6:7 Awb staat dat de termijn voor het indienen van een bezwaar- of beroepschrift zes weken bedraagt. In artikel 6:6 Awb kunt u het gevolg lezen: 'het bezwaar of beroep kan niet-ontvankelijk worden verklaard, indien niet is voldaan aan artikel 6:5 of aan enig ander bij de wet gesteld vereiste voor het in behandeling nemen van het bezwaar of beroep, (...)'.

Om nu precies te bepalen wat de inhoud van een rechtsregel is, dient u allereerst het wetsartikel (of de wetsartikelen) te splitsen in rechtsgevolg en voorwaarden. Vervolgens splitst u de voorwaarden in stukjes die juridisch relevant zijn.

Voorbeeld

Artikel 53 lid 1 Sv luidt:

> 'In geval van ontdekking op heeter daad is ieder bevoegd den verdachte aan te houden.'

Rechtsgevolg: iemand is bevoegd om aan te houden

Voorwaarden	Toelichting juridische relevantie
een ieder	iedereen, niemand uitgezonderd
den verdachte	er zijn ook niet-verdachten
ontdekking op heeter daad	ontdekking kan ook 'buiten heeter daad'

Voorbeeld

Artikel 5:4 BW luidt:

> 'Hij die een aan niemand toebehorende roerende zaak in bezit neemt, verkrijgt daarvan de eigendom.'

Rechtsgevolg: iemand verkrijgt eigendom

Voorwaarden	Toelichting juridische relevantie
er is een zaak	er zijn ook vermogensrechten
deze zaak is roerend	er zijn ook onroerende zaken
deze is van niemand	zaak kan ook aan iemand toebehoren
persoon neemt deze zaak in bezit	u kunt de zaak ook bewaren voor iemand

Helaas heeft de wetgever niet alle wetsartikelen zo overzichtelijk opgeschreven als hierboven. Het helpt enorm als u eerst uitzoekt wat het rechtsgevolg is (wel/geen

sprake van … of wat mag iemand wel/niet?) en dat u daarna kijkt aan welke voorwaarden daarvoor moet zijn voldaan (Wanneer is daar sprake van?).
Dit splitsen in rechtsgevolg en voorwaarden gebruikt u in uw studie niet alleen om het recht te begrijpen, maar ook om op toetsen goed uw antwoorden te motiveren. Begrip van het recht is één, het begrip laten zien aan de docent is iets totaal anders.
Later in de praktijk hebt u het onderscheid rechtsgevolg – voorwaarden nodig om te bepalen wat u in een eventuele procedure moet kunnen bewijzen om te weten of een bepaald rechtsgevolg wel of niet intreedt.

Opdrachten

1 Welk rechtsgevolg geeft:

a Artikel 3:11 BW.
b Artikel 8:72 lid 7 Awb.
c Artikel 96c Sv.
d Artikel 5:8 lid 1 BW.

2 Volgens artikel 3:33 BW is voor een rechtshandeling een wil nodig. Aan welke twee eisen moet deze wil voldoen?

3 Welke voorwaarden stelt artikel 2:6 lid 2 Awb aan het gebruik van een andere taal?

4 Van hoeveel rechtsgevolgen is er sprake in artikel 46b Sr?

5 Lees artikel 8:1 Awb. Aan welke drie voorwaarden moet zijn voldaan om beroep in te stellen bij de rechtbank?

2.3 Cumulatieve en alternatieve voorwaarden

Rechtsgevolg en voorwaarden vormen samen de rechtsregel. Het aantal voorwaarden kan daarbij variëren van één tot heel veel, afhankelijk van het geval. De opsomming van die voorwaarden kan zijn:

- cumulatief;
- alternatief;
- zowel cumulatief als alternatief.

Cumulatieve voorwaarden

Een cumulatieve[1] opsomming van voorwaarden houdt in dat aan alle voorwaarden tegelijk moet zijn voldaan voor het intreden van het rechtsgevolg. Als aan een van de voorwaarden niet is voldaan, kan het rechtsgevolg op grond van deze regel (wetsartikel(en)) niet intreden. De cumulatieve opsomming is vaak te herkennen aan signaalwoorden als 'en', 'ook' en 'alsmede'.

Voorbeeld

Artikel 10 lid 1 Gemeentewet luidt:

> 'Voor het lidmaatschap van de raad is vereist dat men ingezetene van de gemeente is, de leeftijd van achttien jaar heeft bereikt en niet is uitgesloten van het kiesrecht.'

Rechtsgevolg: iemand kan lid worden van de gemeenteraad
Voorwaarden:

- die persoon is ingezetene van de gemeente;
- die persoon heeft de leeftijd van achttien jaar bereikt; en
- die persoon is niet uitgesloten van het kiesrecht.

De wetgever maakt het u niet makkelijk. Niet altijd is namelijk een signaalwoord in het wetsartikel vermeld.

---

1 Cumuleren = opstapelen, opeenhopen, samenvoegen.

Voorbeeld

Artikel 84 lid 1 BW luidt:

> 'Voor overdracht van een goed wordt vereist een levering krachtens geldige titel, verricht door hem die bevoegd is over het goed te beschikken.'

Rechtsgevolg: er is sprake van overdracht van een goed
Voorwaarden:

- er is levering van het goed;
- deze levering geschiedt krachtens geldige titel;
- deze levering is verricht door een beschikkingsbevoegde.

U mag er overigens niet automatisch vanuit gaan dat bij het gebruik van het signaalwoord 'en' er sprake is van cumulatieve voorwaarden.

In artikel 3:80 lid 1 BW staat: 'Men kan goederen onder algemene en bijzondere titel verkrijgen.'

'En' kan in dit geval niet cumulatief bedoeld zijn, omdat uit de leden 2 en 3 van hetzelfde artikel blijkt dat men goederen op de ene manier of op de andere manier kan verkrijgen.

Opdrachten

6 Benoem de voorwaarden die staan in:

- **a** Artikel 7:1 BW.
- **b** Artikel 238 Sr.
- **c** Artikel 1:1 lid 1 sub a Awb.

7 Ontleed artikel 27 lid 1 Sv in rechtsgevolg en voorwaarden.

Alternatieve voorwaarden

Een alternatieve opsomming van voorwaarden houdt in dat slechts aan een van de voorwaarden hoeft te zijn voldaan voor het intreden van het rechtsgevolg. Aan meer mag ook. Er is een keuzemogelijkheid. Soms bent u verplicht te kiezen uit de alternatieven of is het niet mogelijk te kiezen tussen twee alternatieven, omdat deze elkaar uitsluiten. De alternatieve opsomming is vaak te herkennen aan signaalwoorden als 'of', 'hetzij' en 'dan wel'.

Voorbeeld

Artikel 3:6 BW luidt:

> 'Rechten die, hetzij afzonderlijk hetzij tezamen met een ander recht, overdraagbaar zijn, of er toe strekken de rechthebbende stoffelijk voordeel te verschaffen, ofwel verkregen zijn in ruil voor verstrekt of in het vooruitzicht gesteld stoffelijk voordeel, zijn vermogensrechten.'

Rechtsgevolg: recht is een vermogensrecht
Voorwaarden:

- recht is afzonderlijk van een ander recht overdraagbaar;
- recht is tezamen met een ander recht overdraagbaar; of
- recht strekt ertoe de rechthebbende een stoffelijk voordeel te verschaffen; ofwel:
- recht is verkregen in ruil voor verstrekt voordeel; of
- recht is verkregen in ruil voor in het vooruitzicht gesteld voordeel.

Vaak samengevat tot:

- recht is (afzonderlijk van/tezamen met) een ander recht overdraagbaar; of
- recht strekt ertoe de rechthebbende een stoffelijk voordeel te verschaffen; ofwel
- recht is verkregen in ruil voor (verstrekt/in het vooruitzicht gesteld) voordeel.

Opdrachten

8 Benoem de voorwaarden die staan in:

- **a** Artikel 10 Sr.
- **b** Artikel 6:6 Awb (laat het gedeelte na 'mits' buiten beschouwing).
- **c** Artikel 3:49 BW.
- **d** Artikel 67a lid 2 onder 2 Sv.

9 Welke alternatieve voorwaarde biedt artikel 54 Sv?

Zowel cumulatieve als alternatieve voorwaarden

In wetsartikelen komt een combinatie van cumulatieve en alternatieve voorwaarden vaak voor.

Voorbeeld

Artikel 3:115 BW luidt:

> 'Voor de overdracht van het bezit is een tweezijdige verklaring zonder feitelijke handeling voldoende:
> a. wanneer de vervreemder de zaak bezit en hij haar krachtens een bij de levering gemaakt beding voortaan voor de verkrijger houdt;
> b. wanneer de verkrijger houder van de zaak voor de vervreemder was;
> c. wanneer een derde voor de vervreemder de zaak hield, en haar na de overdracht voor de ontvanger houdt. In dit geval gaat het bezit niet over voordat de derde de overdracht heeft erkend, dan wel de vervreemder of de verkrijger de overdracht aan hem heeft medegedeeld.'

Rechtsgevolg: Er is overdracht van het bezit
Voorwaarden:
In het geval van:

- een tweezijdige verklaring
- zonder handeling

Drie alternatieven met elk hun eigen set van voorwaarden.

Geval a: drie cumulatieve voorwaarden

- vervreemder bezit de zaak
- vervreemder houdt voortaan voor de verkrijger de zaak
- krachtens een bij de levering gemaakt beding.

Geval b: twee cumulatieve voorwaarden

- verkrijger (van het bezit) van de zaak
- was houder van de zaak voor de vervreemder.

Geval c: vier cumulatieve voorwaarden waarvan de laatste uit drie alternatieven bestaat.

- een derde hield de zaak voor de vervreemder;
- de derde houdt de zaak voor de verkrijger;
- na de overdracht
  - die derde heeft de overdracht erkend; of
  - vervreemder heeft de overdracht meegedeeld aan de derde; of
  - verkrijger heeft de overdracht meegedeeld aan de derde.

In de praktijk zijn de cumulatieve en alternatieve voorwaarden nauw aan elkaar verbonden. Meestal is er namelijk sprake van twee procespartijen die te maken hebben met hetzelfde rechtsgevolg. Stel, een officier van justitie wil bewijzen dat de verdachte schuldig is aan doodslag. Hij zal moeten aantonen dat alle voorwaarden van doodslag zijn vervuld. De verdachte daarentegen hoeft, om te voorkomen dat het rechtsgevolg intreedt, slechts aan te tonen dat aan een van de voorwaarden niet is voldaan. Bijvoorbeeld omdat de voorwaarde 'opzet' ontbreekt. Voor de officier zijn de voorwaarden cumulatief, voor de verdachte werken ze alternatief. Kortom: wat voor de ene partij cumulatief is, is voor de andere partij alternatief en omgekeerd.

Opdrachten

10 Ontleed de volgende artikelen in rechtsgevolg en voorwaarden:

- **a** Artikel 174a lid 1 Gemeentewet.
- **b** Artikel 284 lid 1 sub 1 Sr.
- **c** Artikel 5:101 lid 1 BW.

11 Een van de voorwaarden waaraan moet zijn voldaan om te kunnen spreken van een erfdienstbaarheid (art. 5:70 lid 1 BW) is 'een last'. Aan welke cumulatieve voorwaarden moet zijn voldaan voor de voorwaarde 'een last'?

2.4 Limitatieve en niet-limitatieve voorwaarden

Bij een alternatieve opsomming van voorwaarden is het belangrijk om te weten of er buiten de in de regel genoemde keuzes nog meer alternatieven zijn. Met andere woorden: is de alternatieve opsomming limitatief (alleen de genoemde voorwaarden en geen andere) of niet-limitatief[2] (er zijn buiten de genoemde nog meer voorwaarden mogelijk).
Een limitatieve opsomming is vaak te herkennen aan de signaalwoorden: 'slechts' en 'uitsluitend'.

➡ *Voorbeeld*

Artikel 3:80 lid 2 BW luidt:

> 'Men verkrijgt goederen onder algemene titel door erfopvolging, door boedelmenging, door fusie als bedoeld in artikel 309 van Boek 2 en door splitsing als bedoeld in artikel 334a van Boek 2.'

---

2 Een niet-limitatieve opsomming noemt men ook wel een enuntiatieve opsomming. Enuntiatief = verklarend, verduidelijkend.

Rechtsgevolg: iemand verkrijgt goed onder algemene titel
Voorwaarden:

- er is erfopvolging;
- er is boedelmenging;
- er is fusie als bedoeld in artikel 309 van Boek 2;
- er is splitsing als bedoeld in artikel 334a van Boek 2.

Signaalwoorden die kunnen duiden op een niet-limitatieve opsomming zijn: 'zoals', 'ten minste', 'bijvoorbeeld', 'onder meer' en 'mede'.

Voorbeeld

Artikel 3:44 lid 4 BW luidt:

> 'Misbruik van omstandigheden is aanwezig, wanneer iemand die weet of moet begrijpen dat een ander door bijzondere omstandigheden, zoals noodtoestand, afhankelijkheid, lichtzinnigheid, abnormale geestestoestand of onervarenheid, bewogen wordt tot (...).'

Ook hier geldt dat de wetgever niet altijd even consequent is in het gebruik van signaalwoorden. U zult dan uit de formulering van de wettekst zelf (of jurisprudentie of literatuur) moeten opmaken welke wijze van opsomming de wetgever heeft bedoeld.

Opdrachten

12 Artikel 67a Sv noemt twee gronden voor voorlopige hechtenis. Is hier sprake van een limitatieve of een niet-limitatieve opsomming?

13 In artikel 381 Sr is bepaald dat op zeeroof een straf staat van ten hoogste twaalf jaren of een geldboete van de vijfde categorie. Uit het woordje 'of' kunt u afleiden dat de rechter een keuze heeft. Moet hij een van de alternatieven kiezen of mag hij iemand veroordelen tot zowel een gevangenisstraf als een boete?

2.5 Ontkenningen

Een bijzonder verschijnsel in de juridische taal is het veelvuldig voorkomen van woorden die een ontkenning inhouden, zoals 'niet', 'on-' en 'geen'. Op zich hoeft dat geen probleem op te leveren bij het lezen. Voor het begrip kunt u de regel ook lezen door de ontkenning weg te laten.
Problematischer wordt het als er een opeenstapeling van ontkenningen komt. Bijvoorbeeld: 'Het beroepschrift moet niet niet-ontvankelijk verklaard worden.'

Een verklaring voor dit verschijnsel is dat juristen graag dicht bij de tekst van de wet blijven. In artikel 6:6 Awb is sprake van de term 'niet-ontvankelijk'.

Een ontkenning in een rechtsregel kan van invloed zijn of een voorwaarde cumulatief of alternatief is bedoeld.

Voorbeeld

Artikel 3:86 lid 3 sub a BW luidt:

> 'a. de zaak door een natuurlijke persoon die niet in de uitoefening van een beroep of bedrijf handelde (...).'

In eerste instantie denkt u door het woord 'of' aan een alternatieve opsomming. Het woordje 'niet' slaat echter op zowel beroep als bedrijf. De persoon mag niet handelen in de uitoefening van een beroep en hij mag niet handelen in de uitoefening van een bedrijf. Hier is dus geen sprake van een alternatieve, maar van een cumulatieve opsomming.

Opdrachten

14 Wat is het rechtsgevolg als aan de voorwaarden van artikel 6:185 lid 1 sub c BW is voldaan?

15 Van hoeveel voorwaarden is er sprake in artikel 6:185 lid 1 sub c BW?

16 Is daar sprake van een cumulatieve of alternatieve opsomming?

17 Ontleed artikel 6:75 BW in rechtsgevolg en voorwaarden.

18 Zijn deze voorwaarden cumulatief of alternatief voor de schuldenaar?

2.6 Nadere analyse

In de praktijk komt het zelden voor dat slechts één rechtsregel van toepassing is op een juridische casus. U kunt er eigenlijk wel van uitgaan dat er altijd meerdere rechtsregels van toepassing zijn. Een van de oorzaken hiervoor is dat in wetsartikelen begrippen een nauwkeurig omschreven betekenis hebben. Om te weten wat de betekenis is van die begrippen zult u verder (nader) onderzoek moeten doen onder welke voorwaarden er, juridisch gezien, sprake is van die begrippen. Voor die nadere invulling van het begrip is dan weer een nieuwe rechtsregel van toepassing.

➥ *Voorbeeld*

Artikel 6:233 BW luidt:

> 'Een beding in de algemene voorwaarden is vernietigbaar
> **a** indien het, gelet op de aard en de overige inhoud van de overeenkomst, de wijze waarop de voorwaarden tot stand zijn gekomen, de wederzijds kenbare belangen van partijen en de overige omstandigheden van het geval, onredelijk bezwarend is voor de wederpartij; of
> **b** indien de gebruiker aan de wederpartij niet een redelijke mogelijkheid heeft geboden om van de algemene voorwaarden kennis te nemen.'

Rechtsgevolg: een beding in algemene voorwaarden is vernietigbaar
Voorwaarden (samengevat!):

- beding is onredelijk bezwarend;
- geen redelijke mogelijkheid om kennis te nemen van algemene voorwaarden.

Wanneer is er nu sprake van 'algemene voorwaarden', 'onredelijk bezwarend' en 'geen redelijke mogelijkheid om kennis te nemen van algemene voorwaarden'?

De voorwaarden voor toepassing van het begrip 'algemene voorwaarden' staan in artikel 6:231 BW.
Wanneer er sprake is van 'onredelijk bezwarend' kunt u terugvinden in de artikelen 6:236 en 6:237 BW.
Onder welke voorwaarden er sprake is van een 'redelijke mogelijkheid om kennis te nemen van algemene voorwaarden' kunt u lezen in artikel 6:234 BW.
En gemakshalve gaan we ervan uit dat u weet wat een beding[3] is.

Ook in deze artikelen zult u vervolgens weer begrippen tegenkomen die een nadere invulling behoeven. U zou zo eindeloos door kunnen gaan. Dat is niet de bedoeling.
U zult zelf moeten leren inschatten, afhankelijk van de casus en de vraag, wat vereist is. In ieder geval moet duidelijk zijn dat u het, in het algemeen, niet kunt laten bij één rechtsregel.

Voorbeeld

Artikel 1:3 lid 1 Awb luidt:

> 'Onder besluit wordt verstaan: een schriftelijke beslissing van een bestuursorgaan, inhoudende een publiekrechtelijke rechtshandeling.'

Rechtsgevolg: er is sprake van een besluit
Voorwaarden:

- een schriftelijke
- beslissing
- van een bestuursorgaan
- inhoudende een rechtshandeling
- die publiekelijk (van aard) is.

Wat u nader dient te onderzoeken is:

- Wanneer is er sprake van schriftelijkheid?
  Is een stempel wel of niet schriftelijk?

3 Beding = bepaling in een overeenkomst.

- Wanneer is er sprake van een beslissing?
  Is een weigering wel of geen beslissing?
- Wanneer is er sprake van een bestuursorgaan?
  Is een examencommissie HBO-Rechten wel of geen bestuursorgaan?
- Wanneer is er sprake van een rechtshandeling?
  Is de beslissing van B&W om een kinderspeelplaats te betegelen met gewone tegels en niet met rubberen tegels wel of geen rechtshandeling?
- Wanneer is er sprake van publiekelijke aard?
  Is het wijzigen van de geslachtsnaam (art. 1:7 BW) wel of niet van publieke aard?

U zoekt in deze gevallen naar criteria (voorwaarden) om te bepalen of het rechtsgevolg (bijvoorbeeld sprake van schriftelijkheid) wel of niet van toepassing is.

Zo'n nadere analyse voert u uit door te kijken in:
- hetzelfde wetsartikel, maar in een volgend lid;
- een ander wetsartikel van die wet;
- andere regelgeving (bijvoorbeeld een AMvB);
- de parlementaire stukken die bij die wet horen;
- jurisprudentie; of
- de literatuur.

Opdrachten

19 Welke vier voorwaarden geeft artikel 6:162 lid 1 BW?

20 Welke voorwaarde van lid 1 wordt nader uitgewerkt in lid 3?

21 Voor welke partij werken deze voorwaarden cumulatief?

22 Voor het rechtsgeldig geven van een bevel tot bewaring gelden de volgende voorwaarden:

- **a** bevel is op vordering van officier van justitie gegeven door de rechter-commissaris (art. 63 Sv);
- **b** er is sprake van een verdachte;
- **c** er is sprake van een geval waarin voorlopige hechtenis is toegestaan;
- **d** er is sprake van een grond waarop het bevel tot voorlopige hechtenis kan worden gegeven.

Op grond van welke wetsartikelen worden de voorwaarden genoemd onder b, c en d nader ingevuld?

23 Welke vier groepen van gevallen worden genoemd in het betreffende wetsartikel (art. 67 Sv)?

24 In artikel 6:185 lid 1 BW is sprake van 'een gebrek in zijn produkt.' Aan welke voorwaarden moet zijn voldaan, wil er sprake zijn van een gebrekkig product?

25 In artikel 3:90 lid 1 BW is bepaald dat roerende zaken, niet-registergoederen, geleverd worden door 'de verkrijger het bezit der zaak te verschaffen'. Welke vier alternatieven geeft Titel 5 van Boek 3 BW om het bezit te verschaffen?

2.7 Nevenanalyse

Een ander verschijnsel waarmee u te maken krijgt bij het ontleden van een rechtsregel is dat er naast (= neven) deze regel mogelijk nog andere regels zijn die het wel of niet intreden van het beoogde rechtsgevolg beïnvloeden. Als dat het geval is, is er sprake van de spreekwoordelijke uitzondering die de regel bevestigt.

Zo'n uitzondering kunt u zien als een 'tenzij-regel'. De hoofdregel is van toepassing, tenzij zich een uitzondering voordoet. Als zo'n uitzondering (een tenzijregel) al in de wetsbepaling zelf is opgenomen, zult u die gemakshalve al meenemen als een cumulatieve voorwaarde waaraan niet mag zijn voldaan.

➡ *Voorbeeld*

Artikel 6:162 lid 2 BW luidt:

> 'Als onrechtmatige daad worden aangemerkt een inbreuk op een recht en een doen of nalaten in strijd met een wettelijke plicht of met hetgeen volgens ongeschreven recht in het maatschappelijk verkeer betaamt, een en ander behoudens de aanwezigheid van een rechtvaardigingsgrond.'

Rechtsgevolg: er is sprake van een onrechtmatige daad
Voorwaarden:

- een inbreuk op een recht;
- een doen of nalaten in strijd met een wettelijke plicht; of
- hetgeen volgens ongeschreven recht in het maatschappelijk verkeer betaamt;
- behoudens aanwezigheid van een rechtvaardigingsgrond.
  (Lees: tenzij er sprake is van een rechtvaardigingsgrond.)

De eerste drie voorwaarden zijn alternatief ten opzichte van elkaar. Een van deze drie moet van toepassing zijn naast de afwezigheid van de rechtvaardigingsgrond.

Staat de uitzondering in een ander lid van het artikel of in een ander wetsartikel, dan stelt u eerst het rechtsgevolg vast en bepaalt u daarna of aan de voorwaarden van de uitzondering is voldaan. Veelal begint een titel of een afdeling van een wet met de hoofdregel en volgen de uitzonderingen in de daaropvolgende artikelen.

➡ *Voorbeeld*

Artikel 3:84 lid 1 BW luidt:

> 'Voor overdracht van een goed wordt vereist een levering krachtens geldige titel, verricht door hem die bevoegd is over het goed te beschikken.'

Rechtsgevolg: er is sprake van overdracht van een goed
Voorwaarden:

- levering van het goed;
- levering geschiedt krachtens geldige titel;
- levering is verricht door een beschikkingsbevoegde.

Aangezien het hier om cumulatieve voorwaarden gaat, is het noodzakelijk dat alle voorwaarden worden vervuld. Is aan een van de voorwaarden niet voldaan, dan zal het rechtsgevolg 'overdracht van een goed' niet intreden.

Verderop in de afdeling valt in artikel 3:86 lid 1 BW echter een uitzondering te lezen. Samengevat staat daar: Ondanks onbevoegdheid van de vervreemder is een overdracht (toch) geldig.

Rechtsgevolg: overdracht is geldig
Voorwaarden:

- in geval van onbevoegde vervreemder;
- er is sprake van een roerende zaak, niet-registergoed, of recht aan toonder of order;
- de overdracht daarvan is overeenkomstig artikel 3:90, 3:91 of 3:93 BW;
- de overdracht geschiedt om niet;
- de verkrijger is te goeder trouw.

Enige kennis van de systematiek van het recht is wel zo handig, omdat niet elke uitzondering direct in de nabijheid van het artikel staat.

➡ *Voorbeeld*

Artikel 287 Sr luidt:

> 'Hij die opzettelijk een ander van het leven berooft, wordt, als schuldig aan doodslag, gestraft met (...).'

Rechtsgevolg: iemand wordt gestraft wegens doodslag
Voorwaarden:

- iemand heeft een ander van het leven beroofd;
- hij deed dat opzettelijk.

Als nu inderdaad beide voorwaarden zijn vervuld, dan treedt het rechtsgevolg 'wordt gestraft wegens doodslag' in, tenzij er sprake is van een uitzondering. In artikel 39 Sr staat zo'n uitzondering.

Artikel 39 Sr luidt:

> 'Niet strafbaar is hij die een feit begaat, dat hem wegens de gebrekkige ontwikkeling of ziekelijke stoornis van zijn geestvermogens niet kan worden toegerekend.'

Rechtsgevolg: iemand is niet strafbaar
Voorwaarden:

- iemand heeft een strafbaar feit begaan;
- dat feit kan niet worden toegerekend wegens:
  - de gebrekkige ontwikkeling; of
  - ziekelijke stoornis van zijn geestvermogens.

Opdrachten

26 Stel, alle voorwaarden zijn vervuld van artikel 6:52 lid 1 BW, zodat iemand bevoegd is de nakoming van zijn verbintenis op te schorten. Uit welk artikel blijkt dat dit rechtsgevolg toch niet van toepassing zal zijn?

27 De heer Wang ontvangt een besluit dat genomen is op grond van de Vreemdelingenwet 2000. Hij dient na vijf weken een bezwaarschrift in. De heer Wang voldoet daarmee aan de termijn van zes weken die in artikel 6:7 Awb is bepaald.

a Uit welk artikel van de Vreemdelingenwet 2000 blijkt dat zijn bezwaarschrift op grond van termijnoverschrijding toch niet-ontvankelijk zal worden verklaard?

b Uit welk artikel van de Awb blijkt dat niet-ontvankelijkverklaring op grond van termijnoverschrijding toch niet zal plaatsvinden?

28 De 17-jarige A. wordt schuldig bevonden aan diefstal onder verzwarende omstandigheden (art. 311 Sr) en de rechter oordeelt dat er geen sprake is van strafuitsluitingsgronden.

- **a** Uit welk artikel blijkt dat de rechter geen gevangenisstraf kan opleggen aan de minderjarige A.?
- **b** Uit welk artikel blijkt dat de rechter, ondanks de minderjarigheid van A., toch een gevangenisstraf kan opleggen?

3 Het oplossen van een casus

Het oplossen van casus is de kerntaak van de jurist. Een casus (meervoud: casus) is een juridische kwestie, een geval in de praktijk waar een rechtsvraag aanhangt. Wanneer er bijvoorbeeld een vechtpartij op straat plaatsvindt en een van de vechtersbazen loopt een armbreuk op, dan vraagt de officier van justitie zich af of hij de dader kan vervolgen. Maar waarvoor kan hij hem vervolgen? De officier kent het recht en op grond van zijn rechtskennis zal hij hem vervolgen voor bijvoorbeeld mishandeling of zware mishandeling.

De beginnende rechtenstudent heeft deze kennis van het recht echter nog niet. Hij is nog niet bekend met de juridische terminologie en kan nog geen complexe casus oplossen met behulp van én de wet én de jurisprudentie én de literatuur. In dit hoofdstuk wordt de student geleerd eenvoudige casus op te lossen, waarvoor relatief weinig rechtskennis is vereist, en welke casus met behulp van alleen de wet en logisch redeneren opgelost kunnen worden.

Het oplossen van een casus draait altijd om de volgende onderwerpen: de feiten van de casus, de toepasselijke rechtsregel, en het toepassen van de feiten op de rechtsregel. In de literatuur hanteert men verschillende stappenplannen variërend van drie tot en met tien stappen. In dit hoofdstuk wordt het volgende vijfstappenplan aangehouden:

1. Het selecteren van de feiten.
2. Het selecteren van de rechtsregel(s).
3. De rechtsregel(s) ontleden in voorwaarden en rechtsgevolg.
4. Het interpreteren van de voorwaarden.
5. De oplossing: het toepassen van de rechtsregel(s) op de feiten.

Hieronder zullen deze stappen worden uitgelegd. Binnen sommige stappen zijn weer substappen te onderscheiden.
Besef dat het vijfstappenplan een 'model' is voor het oplossen van casus, waarmee beginnende rechtenstudenten een handreiking wordt gegeven casus op te lossen. In de werkelijkheid neemt u deze stappen veelal niet achter elkaar, maar door

elkaar omdat u bijvoorbeeld bij het interpreteren van de voorwaarden erachter komt dat u niet de juiste feiten of rechtsregels hebt geselecteerd.

3.1 Stap 1: Het selecteren van de feiten

Iedere casus bevat veelal een hoeveelheid van gegevens (feiten) waardoor de jurist soms door de bomen het bos niet meer ziet. Een handig hulpmiddel om het overzicht te behouden, is het in chronologische volgorde zetten van de gebeurtenissen (wanneer is er wat gebeurd?). Dit verhoogt het inzicht in de opeenvolging van handelingen en gebeurtenissen. Belangrijk is ook het goed onderscheiden van de verschillende personen die bij de casus betrokken zijn (wie heeft wat gedaan?) en wat hun rol is. Wanneer u al doende de feiten op een rijtje hebt gekregen, kunt u de feiten gaan onderscheiden in belangrijke en onbelangrijke feiten. Aangezien u nog weinig kennis hebt van het recht, maakt u een schifting op grond van uw vermoeden van wat juridisch wel of niet belangrijk is. Wanneer u later, bij de stappen 2, 3, 4 of 5, erachter komt dat u belangrijke feiten over het hoofd hebt gezien, kunt u dat altijd nog herstellen.

Opdracht

1 Selecteer de belangrijke en onbelangrijke feiten (personen, data, gebeurtenissen) die mogelijk van belang zijn voor het oplossen van onderstaande casus. De casusvraag hoeft niet opgelost te worden.

Joris van Haringvliet was autoverkoper bij de Fordgarage van Van Berkhout te Purmerend. Door de teruglopende verkoop van automobielen is hij op 1 januari 2009 ontslagen. Joris is niet akkoord gegaan met het ontslag en is nog steeds verwikkeld in een procedure. Jongere collega's kregen geen ontslag en hij wel. Van de nood een deugd makende, is Joris een ijssalon gestart. Nadat hij de opleiding tot ijsmaker te Wageningen met goed gevolg had afgesloten, zijn diploma had ontvangen op 1 april 2009, een oud winkelpand van een voormalige bakkerswinkel had gekocht en verbouwd en personeel had aangenomen op parttime basis, heeft Joris op 1 mei 2009 de deuren van zijn nieuwe zaak geopend. De ijssalon loopt inmiddels als een trein. Massa's mensen verdringen zich voor de vitrines om de meest heerlijke ijssoorten uit te kiezen voor € 0,80 per bolletje ijs. Henk (bijnaam 'the Knife') stapt op 15 juli de ijssalon binnen met zijn maat Ruige Rinus. Zij bestellen een ijsje en bieden Joris aan zijn zaak te beschermen tegen hangjongeren en eventuele overvallers. Tegen een beschermgeld van € 200 per maand is de ijssalon veilig. Joris heeft hier geen zin in en stuurt hen weg. 'Je komt er nog wel achter', roept Rinus hem na bij zijn vertrek. Een week later wordt de zaak overvallen (buit: € 850 kassageld). Henk en Rinus brengen wederom een bezoek aan de zaak, bedreigen Joris met nog meer eventuele ongelukken, en Joris gaat akkoord met het betalen van € 200 beschermgeld per maand. Op 1 augustus betaalt Joris dit bedrag. Op 1 september betaalt hij dit bedrag niet en stapt hij naar de politie en doet aangifte van afpersing. Henk en Rinus stappen naar de kantonrechter en vorderen betaling van de € 200. Afspraak is immers afspraak, zo redeneren zij.

Casusvraag: Kan Joris de overeenkomst met Henk en Rinus laten vernietigen op grond van bedreiging?

3.2 Stap 2: Het selecteren van de rechtsregel(s)

Het selecteren van de rechtsregel(s) valt uiteen in drie substappen:

- het selecteren van het rechtsgebied;
- het selecteren van de wet;
- het selecteren van de rechtsregel(s).

Eerst bepaalt u op welk rechtsgebied de casus zich voordoet. Is dit het strafrecht, het privaatrecht of het bestuursrecht?
Vervolgens vraagt u zich af welke wet moet worden geraadpleegd binnen het betreffende rechtsgebied.
Ten slotte gaat u op zoek naar de toepasselijke rechtsregel in uw wettenbundel. Hiervoor gebruikt u de inhoudsopgave van de gepubliceerde wetten (systematisch zoeken), of, en dat werkt het snelst, het register achter in de wettenbundel (zoeken op trefwoorden).

Voorbeeld

In het eerdergenoemde geval waarin iemand een ander zijn arm breekt tijdens een vechtpartij, is de vraag waarvoor deze persoon vervolgd kan worden. Indien u al enigszins bekend bent met het strafrecht, zoekt u in het register op 'mishandeling' of 'zware mishandeling'. Bij het trefwoord 'mishandeling' wordt u verwezen naar artikel 300 en verder van het Wetboek van Strafrecht. Wanneer u deze artikelen leest, komt u er al snel achter dat het waarschijnlijk om eenvoudige mishandeling (art. 300 Sr) of zware mishandeling (art. 302 Sr) gaat.
Wanneer u niet bekend bent met het strafrecht, zult u misschien zoeken op de trefwoorden 'armbreuk' en 'vechtpartij', maar zult u niets vinden omdat dit geen juridische begrippen zijn, maar feitelijke termen. In dat geval moet u de inhoudsopgave van het Wetboek van Strafrecht raadplegen en zult u al snel zien dat van alle titels en misdrijven die daarin worden genoemd 'Titel XX Mishandeling', de meest waarschijnlijke titel is waaronder het toebrengen van een armbreuk kan vallen. Wanneer u vervolgens deze titel opslaat, zult u zien dat het waarschijnlijk om eenvoudige mishandeling (art. 300 Sr) of zware mishandeling (art. 302 Sr) gaat.

Bij de uitwerking van stap 2 (het selecteren van de rechtsregels) schrijft u dus op:

- Rechtsgebied: Strafrecht
- Wet: Wetboek van Strafrecht
- Rechtsregel(s): artikel 300 Sr (of art. 302 Sr, afhankelijk van uw bevindingen bij de stappen 3, 4 en 5).

Opdracht

2 Geef in de volgende casus aan op welk rechtsgebied deze zich voordoet, welke wet van toepassing is en wat de toepasselijke rechtsregel is.

a Gerard heeft al jaren ruzie met zijn echtgenote. Hij wil scheiden, maar omdat zij in gemeenschap van goederen zijn getrouwd, zou dat betekenen dat de helft van hun vermogen (het huis, de auto, de spaarcenten) naar zijn vrouw zou gaan. Gerard maakt een plan om zijn vrouw uit de weg te ruimen. Wanneer zij 's avonds thuiskomt van de tennistraining, zal hij een betonnen plantenbak vanaf het balkon op haar hoofd gooien. Gerard voegt de daad bij het woord en zijn vrouw overlijdt. De officier van justitie legt hem moord ten laste.

b Hermans buurman Marcel bouwt een schuur van twee verdiepingen in zijn achtertuin. Hij heeft hiervoor een vergunning gekregen van de gemeente Purmerend. Door de hoogte van de schuur zal Hermans uitzicht aanzienlijk belemmerd worden en zal hij menig zonnestraal mislopen. Zijn vrouw zegt dat hij een bezwaarschrift moet indienen bij de gemeente. Herman vraagt zich af aan welke eisen de inhoud van dat bezwaarschrift moet voldoen.

c Jantje (6 jaar) fietst tegen de auto van de buurman aan. De buurman stelt dat Jantjes vader aansprakelijk is voor de schade. De vader van Jantje ontkent dit.

3.3 Stap 3: De rechtsregel(s) ontleden in voorwaarden en rechtsgevolg

De uitspraak: 'Wanneer ik jarig ben, trakteer ik op taart' is te ontleden (uit elkaar te halen, te splitsen) in een voorwaarde en een gevolg. Het gevolg is in dit geval de traktatie op taart, welk gevolg pas intreedt wanneer aan de voorwaarde is voldaan, namelijk dat u jarig bent. Ook rechtsregels zijn te ontleden in voorwaarde(n) en rechtsgevolg. Bij het ontleden van een rechtsregel moet de vraag worden gesteld welke voorwaarden de wetgever heeft gesteld aan de inwerkingtreding van het rechtsgevolg.
U kunt deze voorwaarden in een wetsartikel bijvoorbeeld herkennen aan de woorden 'als', 'wanneer', 'mits' of 'op voorwaarde dat'. Veelal staan deze woorden echter niet in de tekst en moet u hen erbij denken. Soms is het ontleden van een wetsartikel moeilijk, omdat een wettelijke bepaling ingewikkeld is geformuleerd. Het is daarom handig om eerst vast te stellen wat het rechtsgevolg is en pas daarna de voorwaarden uit te zoeken waaraan voldaan moet zijn, wil dit rechtsgevolg intreden.
In onderstaand geval wordt er één voorwaarde gesteld en is de ontleding vrij eenvoudig.

➥ *Voorbeeld*

Artikel 1 Sv:

> 'Strafvordering heeft alleen plaats op de wijze bij de wet voorzien.'

Rechtsgevolg: strafvordering heeft alleen plaats
Voorwaarde: op de wijze bij de wet voorzien.

In het volgende voorbeeld worden er twee voorwaarden gesteld. In dit geval zijn het cumulatieve voorwaarden, hetgeen wil zeggen dat de eerste voorwaarde *en* de tweede moet plaatsvinden, wil het rechtsgevolg intreden.

➥ *Voorbeeld*

Artikel 6:217 lid 1 BW:

> 'Een overeenkomst komt tot stand door een aanbod en de aanvaarding daarvan.'

Rechtsgevolg: een overeenkomst komt tot stand
Voorwaarden:

- door een aanbod;
- en de aanvaarding daarvan.

Soms worden er alternatieve voorwaarden gesteld, hetgeen betekent dat de ene voorwaarde *of* de andere voorwaarde moet plaatsvinden, wil het rechtsgevolg intreden.

➥ *Voorbeeld*

Artikel 1:198 BW:

> 'Moeder van een kind is de vrouw uit wie het kind is geboren of die het kind heeft geadopteerd.'

Rechtsgevolg: de moeder van een kind is

Voorwaarden:

- de vrouw uit wie het kind is geboren;
- of die het kind heeft geadopteerd.

Een andere voorwaarde is de negatieve voorwaarde, hetgeen betekent dat het rechtsgevolg intreedt *als niet* aan de gestelde voorwaarde is voldaan.

➥ *Voorbeeld*

Artikel 99 lid 1 Rv:

> 'Tenzij de wet anders bepaalt, is bevoegd de rechter van de woonplaats van de gedaagde.'

Rechtsgevolg: bevoegd is de rechter van de woonplaats van de gedaagde

Voorwaarde: tenzij de wet anders bepaalt.

Dus gewoonlijk is de rechter van de woonplaats van de gedaagde bevoegd, behalve als de wet anders bepaalt (bijvoorbeeld in art. 100 Rv e.v.). Negatieve voorwaarden herkent u bijvoorbeeld aan de woorden 'tenzij', 'behalve', 'zonder', of 'het in het vorige lid gestelde bestaat niet wanneer'.

Opdracht

3 Ontleed de volgende artikelen in voorwaarden en rechtsgevolg.

- **a** Artikel 8:1 lid 1 Awb.
- **b** Artikel 2:12 lid 2 Awb.
- **c** Artikel 53 lid 1 Sv.
- **d** Artikel 1:31 lid 1 en 2 BW.
- **e** Artikel 1:149 BW.
- **f** Artikel 4:2 Awb.
- **g** Artikel 6:219 lid 1 BW.

3.4 Stap 4: Het interpreteren van de voorwaarden

De essentiële vraag voor de jurist in de praktijk is of er aan de voorwaarden is voldaan. Het probleem is echter vaak dat de voorwaarden uitleg behoeven, zij moeten geïnterpreteerd worden. Wat wordt er bedoeld wanneer er in een wetsartikel wordt gesproken van een 'verdachte', een 'belanghebbende', een 'bezitter' enzovoort? De jurist zal voor de juiste betekenis verder moeten zoeken in wet- en regelgeving, literatuur, jurisprudentie, parlementaire stukken en dergelijke. Vooralsnog wordt het voor de beginnende rechtenstudent in dit hoofdstuk niet zo moeilijk gemaakt. Hier wordt ernaar gestreefd rechtsregels te geven waarvan de betekenis van de voorwaarden gevonden kan worden door *logisch redeneren* of in *een omschrijving in de wet*. Als de voorwaarden in de wet worden uitgelegd, vindt u de omschrijving meestal in het wetsartikel zelf of in een daaropvolgend artikel, maar soms ook elders in de wet. In het laatste geval zult u gebruik moeten maken van het register in de wettenbundel en moeten zoeken op de woorden die in de voorwaarde worden genoemd.
Hieronder volgt een voorbeeld waarin de rechtsregel gesplitst wordt in rechtsgevolg en voorwaarden en vervolgens de betekenis van de voorwaarden vastgesteld wordt op grond van logisch redeneren én op grond van een wettelijke omschrijving.

➥ *Voorbeeld*

Artikel 1:198 BW (moederschap):

Rechtsgevolg: de moeder van een kind is
Voorwaarden:

- de vrouw uit wie het kind is geboren;
- of die het kind heeft geadopteerd.

De betekenis van de eerstgestelde voorwaarde staat niet in de wet, maar kan logisch beredeneerd worden: met 'de vrouw uit wie het kind is geboren', wordt natuurlijk de vrouw bedoeld uit wier lichaam het kind is geboren. Bij de tweede voorwaarde ('of die het kind heeft geadopteerd') doet zich de vraag voor wanneer er sprake is van adoptie. Hiervoor zult u verder moeten zoeken in de wet en zoekt u in het register het woord 'adoptie', alwaar u wordt verwezen naar artikel 1: 227

BW. Dit artikel bestaat uit vijf leden en alleen het eerste lid is van toepassing op onze vraag: 'Adoptie geschiedt door een uitspraak van de rechtbank (...).'

Opdracht

4 Ontleed de volgende artikelen in rechtsgevolg en voorwaarden en geef daarbij een interpretatie van de voorwaarden.

- **a** Artikel 461 Sr (verboden toegang voor onbevoegden). Bij dit artikel kunt u de voorwaarden interpreteren door alleen maar logisch te redeneren.
- **b** Artikel 53 lid 1 Sv (aanhouding bij heterdaad). Bij dit artikel kunt u de voorwaarden interpreteren door alleen wettelijke omschrijvingen te zoeken.
- **c** Artikel 5:13 lid 1 BW (schatvinding). Bij dit artikel kunt u de voorwaarden interpreteren door logisch te redeneren én wettelijke omschrijvingen te zoeken.

3.5 Stap 5: De oplossing: het toepassen van de rechtsregel(s) op de feiten

Bij dit onderdeel moet u een onderbouwd antwoord geven op de vraag in de casus. Hiertoe moet aangetoond worden dat de gevonden rechtsregel van toepassing is op de feiten uit de casus. In feite combineert u in deze laatste stap alle voorgaande stappen van het casusoplosmodel (de geselecteerde feiten, de geselecteerde rechtsregel(s), de ontleding in voorwaarden en rechtsgevolg en de interpretatie van de voorwaarden) tot één antwoord op de casusvraag.
Hanteer als hoofdregel dat u eerst de casusvraag herhaalt en de toepasselijke rechtsregel noemt, vervolgens de voorwaarden van de rechtsregel(s) toepast op de feiten en ten slotte antwoord geeft op de casusvraag.

Gebruik hiervoor als ezelsbruggetje de formule *RTC*:
Rechtsregel noemen.
Toepassen van de (voorwaarden van de) rechtsregel(s) op de feiten.
Conclusie: antwoord geven op de casusvraag.

Voorbeeld

'Op de vraag of Trudy als moeder van Jason beschouwd kan worden, is artikel 1:198 BW van toepassing (***R***).
Als voorwaarde voor het moederschap stelt artikel 1:198 BW dat moeder van een kind de vrouw is "uit wie het kind is geboren" of de vrouw "die het kind heeft geadopteerd". Volgens de wet is er sprake van "adoptie" wanneer deze is uitgesproken door de rechtbank (art. 1:227 lid 1 BW). Uit de casus blijkt dat dit op 1 juli 2005 is gebeurd (***T***).
Trudy kan dus als de moeder van Jason worden beschouwd (***C***).'

Wat u dus ziet, is dat heel precies de voorwaarden van de rechtsregel worden genoemd en dat de toepasselijke voorwaarde (in dit geval één voorwaarde) wordt gekoppeld aan een feit (in dit geval één feit) van de casus. Schrijf dit alles zorgvuldig en in alle volledigheid op. Essentieel is dat steeds weer de koppeling wordt gemaakt tussen de voorwaarden van de toepasselijke rechtsregel en de feiten van de casus.

Hieronder volgt een schema waarin de hierboven beschreven vijf stappen achter elkaar worden gezet:

Vijf-stappenplan casus oplossen
Stap 1. Het selecteren van de feiten ■ Wat zijn belangrijke feiten? ■ Wat zijn onbelangrijke feiten?
Stap 2. Het selecteren van de rechtsregel(s) ■ Welk rechtsgebied is van toepassing? ■ Welke wet is van toepassing? ■ Welke rechtsregel(s) zijn van toepassing?
Stap 3. De rechtsregel(s) ontleden in voorwaarden en rechtsgevolg ■ Hoe moet deze rechtsregel ontleed worden in voorwaarden en rechtsgevolg?
Stap 4. Het interpreteren van de voorwaarden ■ Wat wordt bedoeld met de voorwaarden?
Stap 5. De oplossing: het toepassen van rechtsregel(s) op de feiten ■ Antwoord geven op de casusvraag door het toepassen van de rechtsregel(s) op de feiten.

Voorbeeldopdracht en uitwerking

Los de volgende casus op aan de hand van het vijfstappenplan. Zet de op te lossen casusvraag boven de uitwerking van de vijf stappen.

Casus: de arme student

Stefan is een arme student. Hij volgt de studie Psychologie. Zijn propedeusediploma had hij al binnen een jaar op zak, alleen het verdere verloop van zijn studie wilde niet vlotten. Inmiddels heeft hij geen recht meer op studiefinanciering. Onlangs is hij ook nog ontslagen bij Albert Heijn, waar hij bijverdiende als vakkenvuller. Hij had stiekem boodschappen meegenomen, omdat hij die niet kon betalen. Nu heeft hij echter een oplossing gevonden voor zijn geldproblemen. Hij drukt biljetten van honderd gulden op zijn professionele printer. Hij weet dat hij deze biljetten nog tot 2032 kan inwisselen voor euro's bij De Nederlandsche Bank. De officier van justitie vervolgt hem op grond van valsemunterij. Stefan zegt echter dat hij niet vervolgd kan worden omdat hij bankbiljetten heeft nagemaakt die toch niet als geldig betaalmiddel gebruikt kunnen worden.

Kan Stefan met succes vervolgd worden voor valsemunterij?

Opmerking: vergeet niet bij stap 4 en 5 artikel 84ter Sr in uw antwoord te betrekken.

Uitwerking vijf-stappenplan van casus 'De arme student'

Casusvraag: Kan Stefan met succes vervolgd worden voor valsemunterij?

Stap 1. Het selecteren van de feiten

- Belangrijke feiten: Stefan drukt biljetten van 100 gulden op zijn professionele printer.
- Onbelangrijke feiten: arme student, studieproblemen, ontslag enzovoort.

Stap 2. Het selecteren van de rechtsregel(s)

- Rechtsgebied: Strafrecht.
- Wet: Wetboek van Strafrecht.
- Rechtsregel(s): artikel 208 Sr.

Stap 3. De rechtsregel(s) ontleden in voorwaarden en rechtsgevolg

Artikel 208 Sr

Rechtsgevolg: gestraft met een gevangenisstraf van ten hoogste negen jaren of geldboete van de vijfde categorie wordt hij die

Voorwaarden:

- muntspeciën of munt- of bankbiljetten namaakt of vervalst
- met het oogmerk
- om die muntspeciën enzovoort als echt en onvervalst uit te geven of te doen uitgeven.

Stap 4. Het interpreteren van de voorwaarden

Met de eerste voorwaarde 'het namaken of vervalsen van muntspeciën of munt- of bankbiljetten', wordt bedoeld het slaan van munten of drukken van bankbiljetten zonder daartoe bevoegd te zijn. Uit artikel 84ter Sr blijkt wat de wetgever onder meer met het begrip 'bankbiljetten' bedoelt. Onder 'bankbiljetten' vallen ook 'bankbiljetten die de hoedanigheid van wettig betaalmiddel verloren hebben en ingewisseld kunnen worden tegen wettige betaalmiddelen'.

Met 'het oogmerk' wordt de bedoeling, de intentie bedoeld.

Met 'het uitgeven van die muntspeciën als echt en onvervalst' wordt bedoeld het uitgeven daarvan alsof het een niet nagemaakt en wettig betaalmiddel is.

Stap 5. De oplossing: het toepassen van de rechtsregel(s) op de feiten

Op de casusvraag of Stefan met succes vervolgd kan worden voor valsemunterij is artikel 208 Sr van toepassing.

Als eerste voorwaarde voor valsemunterij stelt artikel 208 Sr dat er sprake moet zijn van het 'namaken of vervalsen van muntspeciën of munt- of bankbiljetten'. Stefan heeft bankbiljetten nagemaakt, hij heeft immers bil-

jetten van 100 gulden gedrukt. Ook biljetten van 100 gulden vallen onder de omschrijving van 'bankbiljetten', omdat in artikel 84ter Sr uitdrukkelijk wordt gesteld dat ook 'bankbiljetten die de hoedanigheid van wettig betaalmiddel verloren hebben en ingewisseld kunnen worden tegen wettige betaalmiddelen', vallen onder de definitie van 'bankbiljetten'.
Als tweede en derde voorwaarde stelt artikel 208 Sr dat de valsemunter de bankbiljetten heeft nagemaakt, 'met het oogmerk' hen als 'als echt en onvervalst uit te geven of te doen uitgeven'. Stefan heeft inderdaad de bedoeling, de intentie ('het oogmerk') gehad de bankbiljetten 'uit te geven' door hen in te wisselen bij De Nederlandsche Bank.
Stefan kan dus met succes vervolgd worden voor valsemunterij.

Opdrachten

5 Los de volgende casus op aan de hand van het vijfstappenplan. Zet de op te lossen casusvraag boven de uitwerking van de vijf stappen.

Casus: De gelukkige moeder

Jan en Latoya zijn de twee kinderen van Anneke en Gerrit Ridderspoor, een vermogend echtpaar uit Blaricum. De 40-jarige Jan heeft na zijn studie Bedrijfskunde een goed betaalde baan gekregen bij een internationaal bedrijf dat medische apparatuur vervaardigt voor gebruik in ziekenhuizen en woont in Eindhoven. De 38-jarige Latoya heeft na haar studie Nederlands recht een baan als bedrijfsjurist bij Unilever in Rotterdam gekregen, waar zij ook is gaan wonen.
Tot verdriet van de beide kinderen en van Anneke is Gerrit vijf jaar geleden overleden. Anneke en Gerrit hadden hun vermogensrechtelijke zaken goed geregeld en hadden een testament gemaakt. In het testament is bepaald dat de erfenis van degene die het eerst zou overlijden niet zou worden uitbetaald, maar naar de langstlevende echtgenoot zou gaan. Dit betekent dat de kinderen hun deel niet kunnen opeisen en dat moeder Anneke financieel goed verzorgd in het prachtige huis in Blaricum is blijven wonen.

Drie jaar na het overlijden van Gerrit ontmoet Anneke (die inmiddels 60 is) een alleraardigste, vijftien jaar jongere, man. Anneke is in de gloria, helemaal verliefd en begint aan een tweede jeugd. Leuke, zeer kostbare, uitstapjes worden gemaakt en vele bijzondere reisjes worden geboekt. Dit alles wordt betaald door Anneke, haar vriend Micha heeft geen cent.
Jan en Latoya hebben al diverse malen met Anneke een gesprek gevoerd over dit verkwistende gedrag. Anneke slaat alle raadgevingen in de wind.
Op een mooie zomerdag komen Anneke en Micha bij een bezoek aan Jan in een peperdure BMW-cabriolet voorrijden. Micha zit achter het stuur en vertelt vol trots dat hij deze beauty van een auto van Anneke heeft gekregen.
Voor Jan en Latoya is de maat vol. Zij vrezen dat er op deze manier weinig meer voor hen overblijft en zij zien geen andere oplossing dan moeder Anneke onder curatele te laten stellen.

Zal moeder Anneke onder curatele kunnen worden gesteld?

Uitleg: Curatele = ondertoezichtstelling. Als iemand 'onder curatele' is gesteld, wil dat zeggen dat hij geheel of gedeeltelijk handelingsonbekwaam is en alleen met toestemming van zijn curator rechtshandelingen mag verrichten.

6 Los de volgende casus op aan de hand van het vijfstappenplan. Zet de op te lossen casusvraag boven de uitwerking van de vijf stappen.

Casus: De hond uitlaten

Op een regenachtige zondagavond laat Dirk zijn hond uit in het Vondelpark. Hij heeft de hond onlangs bij het asiel opgehaald, het is een Jack Russel. Deze Jack had toevallig de avond daarvoor wandelaars aangevallen in hetzelfde Vondelpark. De vrouw van het aangevallen echtpaar was in haar onderbeen gebeten en de man had, toen hij zijn vrouw te hulp schoot, Jack geschopt in de hoop dat de hond zijn vrouw zou loslaten. Dirk, de baas van Jack, was toen zo kwaad geworden dat hij de man tegen de grond had geslagen. De gealarmeerde politie was snel ter plaatse en de hele kwestie werd gesust. Het echtpaar kondigde wel aan de schade die hen was toegebracht door Jack, zijnde een kapotte broek ter waarde van € 89, op Dirk te gaan verhalen.

Enfin, door schade en schande wijs geworden, heeft Dirk Jack maar een muilkorf omgedaan deze zondagavond. De lucht betrekt, het wordt steeds donkerder en de regen valt met bakken uit de hemel. Plotseling ziet Dirk uit zijn ooghoek dat er iemand achter hem loopt. Zonder aarzelen draait Dirk, die niet voor een kleintje vervaard is, zich om en slaat, met de bedoeling hem uit te schakelen, de persoon, een zwerver, vol op zijn slaap. De zwerver wankelt naar achteren, werpt Dirk de meest verschrikkelijke verwensingen toe en neemt de benen. Dirk zet de achtervolging in, maar wordt in zijn loopsnelheid beperkt door Jack die met zijn korte pootjes zijn baas niet kan bijhouden. De hond zweeft soms zelfs een stukje door de lucht. Op het moment dat Dirk de hondenriem loslaat, schiet hij als een projectiel vooruit. Niet meer beperkt in zijn bewegingsvrijheid door de hond, verlengt hij zijn passen en voert zijn pasfrequentie op. Binnen tien seconden heeft hij de zwerver te pakken en leert hem een lesje. Met drie vuistslagen op zijn hoofd en drie schoppen in zijn maag, schakelt Dirk de zwerver uit. De zwerver ligt met bebloed hoofd en een gebroken jukbeen over te geven op de grond. Omstanders houden Dirk aan en roepen de politie erbij. De zwerver houdt blijvend hersenletsel over aan de vuistslagen op zijn hoofd.
Uiteindelijk wordt Dirk zware mishandeling ten laste gelegd door de officier van justitie.

Kan Dirk veroordeeld worden voor zware mishandeling?

4 Het raadplegen van wetgevingsstukken

Om wetgevingsstukken te kunnen begrijpen en te kunnen vinden, dient u enig inzicht te hebben in de totstandkoming van een wet. Inzicht krijgen in de stappen van het wetgevingsproces betekent dat u gemakkelijker kunt begrijpen hoe en waarom een wet tot stand is gekomen. De bedoeling van de wetgever is immers niet altijd duidelijk. De wetsgeschiedenis kan een hulpmiddel zijn bij de wetsinterpretatie oftewel de uitleg van de wet. Bij wetsgeschiedenis denken wij aan alle stukken die betrekking hebben op de totstandkoming van een wet, onder andere het *voorstel van wet,* de *memorie van toelichting* (MvT), het *eindverslag* van de commissie, enzovoort. In dit hoofdstuk beperken wij ons tot de wetgevingsstukken behorend bij de totstandkoming van een wet in formele zin.

Bij het wetgevingsproces van een wet, hebben wij te maken met vijf fasen. Elke fase kent zijn eigen stukken. We onderscheiden de volgende fasen:

I departementale voorbereiding;
II parlementaire behandeling;
III bekrachtiging;
IV bekendmaking;
V inwerkingtreding.

4.1 Fase I: Departementale voorbereiding

Als de regering het nodig vindt dat er op een bepaald gebied een nieuwe wet komt of een belangrijke wijziging van een bestaande wet, dan krijgt het desbetreffende ministerie (departement) de opdracht om een wetsvoorstel voor te bereiden. Gaat het bijvoorbeeld om een wet op het gebied van sociale zekerheid, dan gaat de opdracht naar het ministerie van Sociale Zaken en Werkgelegenheid. De wetgevingsambtenaren (vaak speciaal opgeleide juristen) maken het *voorstel van wet*. Dit is een artikelsgewijze regeling, waarbij een *memorie van toelichting* (MvT) wordt gevoegd. Hierin worden de achtergronden van het wetsvoorstel toegelicht, gemotiveerd waarom de voorgestelde wettelijke regeling er moet komen en worden wetsartikelen per artikel toegelicht. Praktijkjuristen gebruiken de *memorie van toelichting* als artikelsgewijs commentaar wanneer zich vraagstukken voordoen met betrekking tot de interpretatie van wetsartikelen.

Kamerstukken

Bij diverse opgenomen afbeeldingen staat bovenaan het Kamerstuknummer, in dit geval 30 657. Kamerstukken zijn stukken waarmee de Kamers werken, bij de uitoefening van hun wetgevende en controlerende taak. Dit zijn bijvoorbeeld: voorstellen van wet, amendementen, schriftelijke vragen en antwoorden, verslagen en dergelijke. Alle stukken die op een bepaald wetsvoorstel betrekking hebben, worden onder één nummer gerangschikt. Ieder stuk krijgt in het wetgevingsproces nog een eigen volgnummer, bijvoorbeeld: nr. 1 is de *koninklijke boodschap*, nr. 2 is het *voorstel van wet*, nr. 3 is de *memorie van toelichting*, enzovoort. Alle stukken zijn te vinden en te raadplegen via <www.overheid.nl>.

30 657
Regels strekkende tot het opleggen van een tijdelijk huisverbod aan personen van wie een ernstige dreiging van huiselijk geweld uitgaat (Wet tijdelijk huisverbod)

Nr. 2
VOORSTEL VAN WET

Wij Beatrix, bij de gratie Gods, Koningin der Nederlanden, Prinses van Oranje-Nassau, enz. enz. enz.

Allen, die deze zullen zien of horen lezen, saluut! doen te weten:

Alzo Wij in overweging genomen hebben, dat het wenselijk is om een maatregel in te voeren waarmee een persoon die een ernstig en onmiddellijk gevaar oplevert voor de veiligheid van één of meer personen met wie deze een huishouden deelt tijdelijk een huisverbod kan worden opgelegd teneinde de veiligheid van deze personen te waarborgen en een periode te creëren waarin maatregelen genomen kunnen worden om de dreiging van huiselijk geweld te doen wegnemen;

Zo is het, dat Wij, de Raad van State gehoord, en met gemeen overleg der Staten-Generaal, hebben goedgevonden en verstaan, gelijk Wij goedvinden en verstaan bij deze:

Artikel 1

In deze wet wordt verstaan onder:

a. ambtenaar van politie: ambtenaar van politie, bedoeld in artikel 3, eerste lid, onderdelen a en c, van de Politiewet 1993;

b. huisverbod: beschikking houdende een last tot het onmiddellijk verlaten van een bepaalde woning en een verbod tot het betreden van, zich ophouden bij of aanwezig zijn in die woning en een verbod om contact op te nemen met degenen die met de persoon tot wie de beschikking is gericht in dezelfde woning wonen of daarin anders dan incidenteel verblijven;

c. uithuisgeplaatste: degene aan wie een huisverbod is opgelegd.

Afbeelding 4.1 Voorstel van wet op de website overheid.nl, <www.overheid.nl>[1]

1 Alle opgenomen afbeeldingen zijn afkomstig van <www.overheid.nl>. Voor het downloaden van de authentieke tekst van parlementaire documenten en staatsbladen, klik bij de gevonden documenten op **Authentieke versie downloaden (pdf)**.

30 657
Regels strekkende tot het opleggen van een tijdelijk huisverbod aan personen van wie een ernstige dreiging van huiselijk geweld uitgaat (Wet tijdelijk huisverbod)

nr. 3
MEMORIE VAN TOELICHTING

ALGEMEEN

1. Inleiding

Het wetsvoorstel voorziet in de mogelijkheid een huisverbod op te leggen aan degene van wie een dreiging van huiselijk geweld uitgaat. Het verbod houdt in dat de betreffende persoon gedurende bepaalde periode – in beginsel tien dagen – zijn woning niet mag betreden en ook geen contact mag opnemen met zijn huisgenoten, zoals zijn echtgeno(o)t(e), partner, of kinderen. De veiligheid van deze personen wordt aldus vergroot. Zij krijgen een adempauze die benut kan worden om andere maatregelen te nemen die (de dreiging van) huiselijk geweld kunnen wegnemen. De voortdurende spanningen en de eventueel daaraan ten grondslag liggende geweldspiraal worden weggenomen. Voor de uithuisgeplaatste geldt het huisverbod als duidelijk signaal dat de samenleving het geweld niet accepteert.

Afbeelding 4.2 Memorie van toelichting op de website overheid.nl, <www.overheid.nl>

Artikel 14

In artikel 14 wordt aan artikel 43, tweede lid, van de Wet op de rechtsbijstand een onderdeel toegevoegd waarin wordt verwezen naar artikel 5 van het wetsvoorstel. Op deze wijze wordt er in voorzien dat de rechtsbijstand kosteloos is, voor zover de uithuisgeplaatste een voorlopige voorziening verzoekt en heeft aangegeven in aanmerking te willen komen voor een toevoeging. Op deze wijze kan iedere uithuisgeplaatste, indien hij gebruik wil maken van de mogelijkheid van beroep bij de rechter, tijdig in aanmerking komen voor bijstand van een advocaat. Maakt de uithuisgeplaatste geen gebruik van de mogelijkheid om een voorlopige voorziening te verzoeken, maar stelt hij wel beroep in tegen de beslissing, dan is er voldoende tijd om een draagkrachttoets uit te voeren en is het dus niet nodig om op voorhand te voorzien in kosteloze rechtsbijstand.

Artikel 15

Het huisverbod is een nieuw bestuursrechtelijk instrument, waarbij aan verschillende actoren, zoals de burgemeester, politie, hulpofficier van justitie, rechterlijke macht, nieuwe taken en verantwoordelijkheden worden toebedeeld. Om te bezien of het instrument goed functioneert, welke eventuele knelpunten er zijn, en of de financiële gevolgen in voldoende mate in kaart zijn gebracht, wordt in artikel 15 voorzien in een evaluatiebepaling. Ook de werkbaarheid van de toepassing van het huisverbod in situaties dat mogelijk sprake is van dreiging van eergerelateerd geweld zal bij de evaluatie worden betrokken.

Afbeelding 4.3 Artikel 14 en 15 uit MvT op de website overheid.nl, <www.overheid.nl>

De minister laat zich adviseren door adviesorganen of overlegt eventueel met belangenorganisaties. Daarna gaat het voorstel van wet met de MvT naar de ministerraad. De beraadslagingen in de ministerraad zijn geheim. Er worden in deze fase dan ook geen openbare stukken gepubliceerd. Als de ministerraad akkoord is, gaat het voorstel voor advies naar de Raad van State. De Raad van State kijkt onder andere naar de wettechnische kwaliteit van het voorstel, systematische opbouw, gebruikte terminologie, enzovoort. Vervolgens wordt op het ministerie een *nader rapport* opgesteld, waarin de opmerkingen van de Raad van State worden verwerkt.

> **30 657**
> **Regels strekkende tot het opleggen van een tijdelijk huisverbod aan personen van wie een ernstige dreiging van huiselijk geweld uitgaat (Wet tijdelijk huisverbod)**
>
> **nr. 4**
> **ADVIES RAAD VAN STATE EN NADER RAPPORT[1]**
>
> Hieronder zijn opgenomen het advies van de Raad van State d.d. 24 mei 2006 en het nader rapport d.d. 11 juli 2006, aangeboden aan de Koningin door de minister van Justitie, mede namens de minister van Binnenlandse Zaken en Koninkrijksrelaties. Het advies van de Raad van State is cursief afgedrukt.
>
> *Bij Kabinetsmissive van 6 maart 2006, no. 06.000739, heeft Uwe Majesteit, op voordracht van de Minister van Justitie, mede namens de Minister van Binnenlandse Zaken en Koninkrijksrelaties, bij de Raad van State ter overweging aanhangig gemaakt het voorstel van wet houdende regels strekkende tot het opleggen van een tijdelijk huisverbod aan personen van wie een ernstige dreiging van huiselijk geweld uitgaat (Wet tijdelijk huisverbod), met memorie van toelichting.*

Afbeelding 4.4 Advies Raad van State en nader rapport op de website overheid.nl, <www.overheid.nl>

Hierna wordt het geheel (*voorstel van wet + memorie van toelichting + advies Raad van State + nader rapport*) bij de Tweede Kamer ingediend. Bij het doorzenden van de stukken is een taak weggelegd voor het Kabinet van de Koning(in). Het Kabinet van de Koning(in) zorgt voor de ambtelijke ondersteuning van de koningin bij de uitoefening van haar staatsrechtelijke taken en fungeert als schakel tussen koningin en ministers, zie Besluit van 8 december 2003 houdende bepalingen over het Kabinet van de Koning, *Stb.* 2004, 8.

Opdrachten

1 Zoek op <www.raadvanstate.nl> welk drieledig toetsingskader door de Raad van State wordt gebruikt bij het uitbrengen van adviezen in het kader van totstandkoming van wetgeving.

2 Doorgaans stelt de regering voor om tot een nieuwe wet of een wetswijziging te komen. Daarnaast bestaat in het kader van de totstandkoming van een formele wet het 'recht van initiatief'. Wat wordt hiermee bedoeld?

4.2 Fase II: Parlementaire behandeling

Nadat de wet op het ministerie is voorbereid, wordt het *voorstel van wet* behandeld in het parlement. De parlementaire behandeling valt uiteen in twee delen: de behandeling in de Tweede Kamer en daarna de behandeling in de Eerste Kamer. Het indienen van het wetsvoorstel bij de Tweede Kamer gaat bij *koninklijke boodschap.*

30 657
Regels strekkende tot het opleggen van een tijdelijk huisverbod aan personen van wie een ernstige dreiging van huiselijk geweld uitgaat (Wet tijdelijk huisverbod)

nr. 1
KONINKLIJKE BOODSCHAP

Aan de Tweede Kamer der Staten-Generaal

Wij bieden U hiernevens ter overweging aan een voorstel van wet houdende regels strekkende tot het opleggen van een tijdelijk huisverbod aan personen van wie een ernstige dreiging van huiselijk geweld uitgaat (Wet tijdelijk huisverbod).

De memorie van toelichting, die het wetsvoorstel vergezelt, bevat de gronden waarop het rust.

En hiermede bevelen Wij U in Godes heilige bescherming.

's-Gravenhage
5 augustus 2006
Beatrix

Afbeelding 4.5 Koninklijke boodschap op de website overheid.nl, <www.overheid.nl>

Het voorbereidend onderzoek daarna wordt gedaan door de vaste Kamercommissies. Zo'n commissie bestaat uit een aantal Kamerleden die gespecialiseerd zijn op een bepaald gebied, bijvoorbeeld financiën. Namens iedere fractie hebben één of meerdere Kamerleden in deze commissies zitting. De commissie wordt secretarieel bijgestaan door een griffier, die ervoor zorgt dat het onderzoek door de commissie volgens de vastgestelde procedure verloopt. Het onderzoek verloopt schriftelijk en er mogen *amendementen* (dit zijn schriftelijke voorstellen tot wijziging van het wetsvoorstel) worden ingediend. De commissie brengt schriftelijk *verslag* uit, waarop de minister reageert met een *nota naar aanleiding van het verslag* (vroeger *memorie van antwoord* genoemd). Hierna vindt de openbare behandeling in de plenaire vergadering van de Tweede Kamer plaats. Na de beraadslaging wordt tot stemming overgegaan, eerst over de eventuele amendementen, dan over de afzonderlijke artikelen en dan over het ontwerp in zijn geheel.

Indien het voorstel wordt aangenomen, zendt de voorzitter van de Tweede Kamer het *voorstel van wet* of *het gewijzigde voorstel van wet* naar de Eerste Kamer. In de Eerste Kamer wordt door een Kamercommissie opnieuw onderzoek gedaan. De commissie brengt eveneens schriftelijk *verslag* uit, daarna volgt de *openbare behandeling* in een plenaire vergadering. De Eerste Kamer kan het wetsvoorstel alleen in zijn geheel aannemen of verwerpen.

Van de mondelinge behandeling, zowel in de Tweede Kamer als in de Eerste Kamer, worden woordelijke verslagen gemaakt door de Stenografische Dienst. Deze verslagen worden de Handelingen genoemd of stenogram, zolang het verslag nog niet officieel is vastgesteld. Als de verslagen officieel zijn vastgesteld, staan deze in de databank *Officiële bekendmakingen* (<www.officielebekendmakingen.nl>).

Opdracht

3 Welk recht hebben Tweede Kamerleden bij de parlementaire behandeling van een wetsvoorstel, dat Eerste Kamerleden niet hebben?

4.3 Fase III: Bekrachtiging

Volgens de Grondwet wordt een *voorstel van wet* tot wet verheven, zodra het door de Tweede en Eerste Kamer is aangenomen 'en door de Koning is bekrachtigd' (art. 87 lid 1 Grondwet). De koninklijke bekrachtiging vindt plaats onder verantwoordelijkheid van de betrokken minister of staatssecretaris, die het aangenomen voorstel medeondertekent. Dit heet het contraseign (art. 47 Grondwet). Bij de bekrachtiging worden plaats en datum vermeld:

> 'Gegeven te 's-Gravenhage, 9 oktober 2008, Beatrix'.

Opdracht

4 Elke wet wordt medeondertekend door de minister of staatssecretaris, op wiens ministerie het wetsvoorstel is voorbereid en onder wiens verantwoordelijkheid de uitvoering van de wet valt. Welke minister of staatssecretaris zal de wetten op het gebied van belastingsaangelegenheden mede ondertekenen?

4.4 Fase IV: Bekendmaking

De minister van Justitie is verantwoordelijk voor de bekendmaking van de wet door middel van plaatsing van de wet in het *Staatsblad*. In het slot van de wet wordt het bevel tot bekendmaking vermeld:

> 'Lasten en bevelen dat deze in het *Staatsblad* zal worden geplaatst en dat alle ministeries, autoriteiten, colleges en ambtenaren wie zulks aangaat, aan de nauwkeurige uitvoering de hand zullen houden.'

Ten slotte wordt in het slot van de wettekst de datum van plaatsing in het *Staatsblad* vermeld:

> 'Uitgegeven de vierde november 2008, De Minister van Justitie, E.M.H. Hirsch Ballin'.

Lasten en bevelen dat deze in het Staatsblad zal worden geplaatst en dat alle ministeries, autoriteiten, colleges en ambtenaren wie zulks aangaat, aan de nauwkeurige uitvoering de hand zullen houden.histnoot
Gegeven te
's-Gravenhage, 9 oktober 2008

Beatrix

De Minister van Justitie,
E. M. H. Hirsch Ballin
De Minister van Binnenlandse Zaken en Koninkrijkrelaties,
G. ter Horst

Uitgegeven de vierde november 2008
De Minister van Justitie,
E. M. H. Hirsch Ballin

Afbeelding 4.6 Bekendmaking 'Wet tijdelijk huisverbod' op de website overheid.nl, <www.overheid.nl>

Opdracht

5 Leg uit waarom de wet in het bovenstaande voorbeeld behalve door de koningin ook door de minister van Justitie en de minister van Binnenlandse Zaken en Koninkrijksrelaties is ondertekend.

4.5 Fase V: Inwerkingtreding

Bekrachtiging en bekendmaking zijn voorwaarden voor de inwerkingtreding van de wet (art. 88 Grondwet). Pas als een wet in werking is getreden, kunnen er rechten aan worden ontleend en kunnen er plichten worden opgelegd. Meestal wordt de inwerkingtreding bepaald bij een apart koninklijk besluit, zie artikel 16 Wet tijdelijk huisverbod.

> 'Artikel 16
> Deze wet treedt in werking op een bij koninklijk besluit te bepalen tijdstip.'

In het besluit wordt de datum van inwerkingtreding genoemd.

Staatsblad
van het Koninkrijk der Nederlanden

Besluit van 18 november 2008 tot vaststelling van het tijdstip van inwerkingtreding van de Wet tijdelijk huisverbod

Wij Beatrix, bij de gratie Gods, Koningin der Nederlanden, Prinses van Oranje-Nassau, enz. enz. enz.

Op de voordracht van Onze Minister van Justitie van 12 november 2008, directie Wetgeving, nr. 5572356/08/6;

Gelet op artikel 16 van de Wet tijdelijk huisverbod;

Hebben goedgevonden en verstaan:

Enig artikel

De Wet tijdelijk huisverbod treedt in werking met ingang van 1 januari 2009.

Onze Minister van Justitie is belast met de uitvoering van dit besluit dat in het Staatsblad zal worden geplaatst.

's-Gravenhage, 18 november 2008

Beatrix

De Minister van Justitie,
E. M. H. Hirsch Ballin

Uitgegeven de vijfentwintigste november 2008
De Minister van Justitie,
E. M. H. Hirsch Ballin

Afbeelding 4.7 Inwerkingtreding 'Wet tijdelijk huisverbod' op de website overheid.nl, <www.overheid.nl>

Opdracht

6 Wat is het verschil tussen de bekrachtiging, de bekendmaking en de inwerkingtreding van een wet?

De theorie van de totstandkoming van een wet wordt in onderstaand schema samengevat.

I Departementale voorbereiding:
- voorbereiding op het ministerie;
- *voorstel van wet* met *memorie van toelichting* (MvT);
- na eventuele advisering voorlegging voorstel aan *ministerraad*;
- via Kabinet van de Koning(in) naar Raad van State voor advies;
- terug naar ministerie: *nader rapport* wordt opgesteld.

II Parlementaire behandeling:
- indiening *voorstel van wet* bij de Tweede Kamer;
- voorbereidend onderzoek door Kamercommissie (schriftelijk), maken van *amendementen,* commissie brengt verslag uit;
- reactie minister: *nota naar aanleiding van het verslag* (vroeger *memorie van antwoord*);
- openbare behandeling: woordelijk verslag door Stenografische Dienst vastgelegd in de Handelingen;
- stemming: eerst over de amendementen, dan over de afzonderlijke artikelen, dan over het ontwerp in zijn geheel;
- indien aangenomen toezending van het *voorstel van wet* of *gewijzigd voorstel van wet* naar de Eerste Kamer;
- onderzoek door Kamercommissie;
- openbare behandeling, daarna stemming.

III Bekrachtiging:
- ondertekening door de koningin;
- mede ondertekening door ministers(s) of staatssecretaris(sen): contraseign;
- *voorstel van wet* wordt *wet*;
- plaats en datum ondertekening worden vermeld.

IV Bekendmaking:
- door plaatsing in het *Staatsblad*;
- datum van plaatsing in *Staatsblad* wordt vermeld:
  uitgegeven de negenentwintigste januari 2009.

V Inwerkingtreding:
- pas na inwerkingtreding: rechten ontlenen en plichten opleggen;
- inwerkingtreding op bij koninklijk besluit te bepalen tijdstip;
- soms regelt wet zelf haar tijdstip van inwerkingtreding.

Om de theorie in de praktijk te brengen en daarmee een goed beeld te krijgen van de diverse stukken in het wetgevingsproces, dient onderstaande oefening te worden gemaakt.

Opdracht

7 Ga naar <www.overheid.nl>, klik op **Staatscourant, Staatsblad, Tractatenblad en parlementaire documenten**, klik op **Parlementaire documenten**, kies voor **Kamerstukken** en typ bij **Dossiernummer** in: 28483.

- **a** Welk volgnummer heeft het voorstel van wet?
- **b** Wat is de datum van het voorstel van wet?
- **c** In welk vergaderjaar is het voorstel van wet ingediend?
- **d** Hoe heet het begeleidende stuk bij de indiening van het voorstel van wet bij de Tweede Kamer?
- **e** Waartoe dient het wetsvoorstel, wat is de achtergrond en in welk stuk staat dat?
- **f** De Wet elektronisch bestuurlijk verkeer gaat een andere belangrijke wet aanvullen. Welke wet is dat?
- **g** Welk volgnummer heeft het advies van de Raad van State?
- **h** Welke commissie in de Tweede Kamer heeft het voorbereidend onderzoek gedaan?
- **i** Wanneer is het verslag van deze commissie vastgesteld?
- **j** Is het wetsvoorstel ongewijzigd of in gewijzigde vorm bij de Eerste Kamer ingediend?
- **k** Op welke datum is het wetsvoorstel bij de Eerste Kamer ingediend?
- **l** Op welke datum heeft de behandelende commissie in de Eerste Kamer haar eindverslag vastgesteld?
- **m** Hoeveel tijd is er verstreken tussen de indiening van het voorstel van wet en het vaststellen van het eindverslag in de Eerste Kamer?

n In welk *Staatsblad* is de wet bekendgemaakt?

o Op welke datum is de wet bekendgemaakt?

p In welk *Staatsblad* staat de datum van inwerkingtreding van de wet?

q Op welke datum is de wet in werking getreden?

5 Het vaststellen van de bevoegde rechter

Voordat u in hoofdstuk 6 wordt getraind in het lezen en analyseren van uitspraken van de verschillende gerechtelijke instanties, is het van belang dat u weet welke rechter bevoegd is recht te spreken in welke zaken. Dit leidt tot een beter begrip van het procesrecht, de gerechtelijke instanties en de uitspraken die zij doen. In dit hoofdstuk worden de bevoegdheden van de verschillende gerechtelijke instanties per rechtsgebied (civiel recht, strafrecht en bestuursrecht) weergegeven. Daaraan voorafgaand wordt eerst uitgelegd hoe de rechterlijke organisatie van Nederland eruitziet.

5.1 De gerechtelijke kaart van Nederland

Nederland kent negentien rechtbanken. Hun rechtsgebied is vastgesteld in de Wet op de rechterlijke indeling. Wanneer u op Rechtspraak.nl (www.rechtspraak.nl) in de menubalk bovenaan klikt op **Gerechten** en vervolgens op **Kaart gerechtelijke indeling**, ziet u de arrondissementen (rechtsgebieden) waarbinnen, door middel van wederom een klik op het betreffende rechtsgebied, de rechtbanken en hun kantongerechten zetelen (het vierkantje) en waar de nevenvestiging van het kantongerecht zich bevindt (het rondje). Zo bevindt zich in het arrondissement Haarlem, te Haarlem de rechtbank (inclusief het kantongerecht) en bevindt zich in Zaandam een nevenvestiging van het kantongerecht.

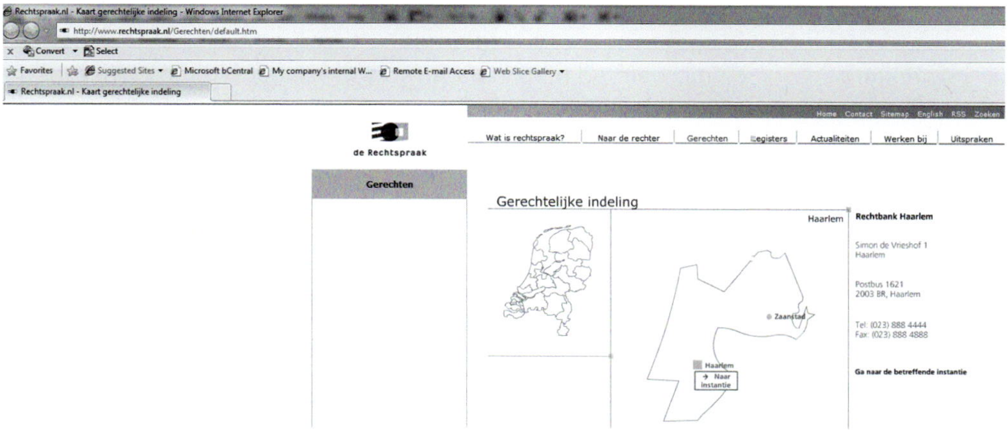

Wanneer u bij de plaats waar de rechtbank is gevestigd, klikt op **Ga naar de betreffende instantie**, komt u op een pagina van de betreffende rechtbank waarop u kunt zien welke gemeenten er binnen het arrondissement van de rechtbank vallen en kunt u tevens zien welke gemeenten er onder de (neven)vestiging(en) van het kantongerecht vallen.
De rechtbanken hebben allemaal een sector kanton, sector civiel recht, sector strafrecht en sector bestuursrecht.
Wanneer u op het vierkantje klikt, ziet u dat zich in verscheidene plaatsen behalve een rechtbank tevens een of meer hogere rechtscolleges bevinden. Bij deze hogere rechtscolleges komen procespartijen terecht wanneer zij in hoger beroep of in cassatie gaan. Wanneer u bijvoorbeeld op het vierkantje bij Amsterdam klikt, ziet u dat daar behalve de rechtbank, tevens het Gerechtshof Amsterdam zetelt. Behalve te Amsterdam bevinden zich tevens gerechtshoven te Den Haag, 'Den Bosch, Arnhem en Leeuwarden. Wanneer u op Rechtspraak.nl in de menubalk bovenaan klikt op **Gerechten** en vervolgens op **Gerechtshoven**, ziet u de ressorts (rechtsgebieden) van de vijf Nederlandse gerechtshoven. Wanneer u vervolgens op de kaart bij de plaats van het betreffende hof op **Ga naar de betreffende instantie** klikt, ziet u welke arrondissementen (rechtsgebieden van de rechtbanken) vallen onder het ressort van het betreffende gerechtshof.

Den Haag herbergt de meeste gerechtelijke instanties en spant de kroon: aldaar bevindt zich naast de rechtbank, het al genoemde Gerechtshof Den Haag, de Hoge Raad, het College van Beroep voor het bedrijfsleven en de Afdeling Bestuursrechtspraak van de Raad van State (de laatste staat overigens niet opgenomen in de gerechtelijke kaart op Rechtspraak.nl).

Al deze gerechten hebben een wettelijk vastgelegde bevoegdheid (competentie) tot rechtspreken. In het recht wordt een onderscheid gemaakt tussen de vraag welke rechter *in welke soort zaak* bevoegd is recht te spreken (*absolute competentie*), en welke rechter van *welke plaats* bevoegd is recht te spreken (*relatieve competentie*).
Voor de drie grote rechtsgebieden (civiel recht, strafrecht en bestuursrecht) zullen hieronder de bevoegdheden worden behandeld.
De hoofdregel in Nederland is dat er altijd rechtspraak in drie instanties mogelijk is: rechtbank, gerechtshof, Hoge Raad. Dit geldt weliswaar voor het civiel recht en

strafrecht, maar niet voor het bestuursrecht. In de volgende paragrafen wordt dit uitgelegd.

5.2 Civiel recht

In eerste aanleg

Bij de rechtbanken bestaan er in civiele zaken (zowel voor de kantonrechter als de civiele rechter) verschillende procedures.
Standaard is daar de *dagvaardingsprocedure* (de eiser stuurt een dagvaarding naar de gedaagde), waarbij de partijen voor de rechter verschijnen (zie art. 78 e.v. Rv).
Daarnaast is er ook een *verzoekschriftprocedure* mogelijk (een partij verzoekt de rechter om iets te doen, bijvoorbeeld een ontslag vast te stellen of een ondercuratelestelling uit te spreken), waarbij partijen niet voor de rechter hoeven te verschijnen (zie art. 261 e.v. Rv). Dit komt veel voor in arbeidszaken.
Ten slotte moet nog de *kortgedingprocedure* worden genoemd (art. 254 e.v. Rv). Indien u snel een uitspraak van de rechter nodig heeft omdat u anders acuut in problemen komt, kunt u een kort geding aanspannen voor de voorzieningenrechter (de kantonrechter of de civiele rechter). De voorzieningenrechter doet in deze spoedeisende zaken dan een voorlopige uitspraak (nadat partijen hun standpunt mondeling hebben toegelicht), waarna de partijen alsnog naar de rechter kunnen stappen voor een bodemprocedure. In de praktijk komt dit laatste weinig voor.
In dit hoofdstuk wordt alleen de dagvaardingsprocedure behandeld en niet de verzoekschriftprocedure en kortgedingprocedure.

Met betrekking tot de *absolute competentie* (welke rechter is bevoegd in welke soort zaak?) is in artikel 42 van de Wet op de rechterlijke organisatie (Wet RO) vastgesteld dat de rechtbank in eerste aanleg alle burgerlijke zaken behandelt. Met ‘in eerste aanleg’ wordt bedoeld dat de zaak voor de eerste keer voor een rechter komt (de eerste feitelijke behandeling van de zaak door de rechter). Dit wordt ook wel rechtspraak ‘in eerste instantie’ genoemd (ter onderscheiding van de rechtsgang in volgende instanties, d.w.z. bij bijvoorbeeld het gerechtshof en de Hoge Raad).

Binnen de rechtbanken bestaat een taakverdeling tussen de kantonrechter (sector kanton) en de civiele rechter (sector civiel recht). De civiele rechter behandelt alle burgerlijke zaken (op grond van genoemd art. 42 Wet RO), behalve die welke zijn voorbehouden aan de kantonrechter. In artikel 93 Wetboek van Burgerlijke Rechtsvordering (Rv) is geregeld dat de kantonrechter die zaken behandelt:

a betreffende vorderingen van ten hoogste € 5000 (inclusief de rente tot aan de dag van dagvaarding);
b betreffende vorderingen van onbepaalde waarde (tot een geschatte waarde van € 5000);
c betreffende een arbeidsovereenkomst, een cao, vut-, agentuur-, huur- en huurkoopovereenkomst, ongeacht de waarde van de vordering;
d betreffende zaken waarvan de wet dit bepaalt.

Kort samengevat: de kantonrechter behandelt zaken tot en met € 5000 en alle zaken betreffende arbeidsovereenkomsten, huurovereenkomsten enzovoort en de civiele rechter behandelt alle overige zaken.[1]

Met betrekking tot de *relatieve competentie* (welke rechter van welke plaats is bevoegd?) luidt de hoofdregel dat in burgerlijke zaken de rechter van de woonplaats van de gedaagde bevoegd is recht te spreken (art. 99 lid 1 Rv) of bij het ontbreken van een bekende woonplaats de rechter van zijn werkelijk verblijf (art. 99 lid 2 Rv).

In een aantal gevallen is evenwel een andere rechter 'mede bevoegd' (art. 100-106 Rv), hetgeen betekent dat de eiser de keuze heeft voor welke rechter hij de zaak aanbrengt. Die keuze heeft de eiser wanneer het een geschil betreft over een arbeidsovereenkomst (art. 100 Rv), een consumentenkoop (art. 101 Rv), een onrechtmatige daad (art. 102 Rv), een onroerende zaak (art. 103 Rv), een nalatenschap (art. 104 Rv), een ondernemingsrechtelijk geschil (art. 105 Rv), een faillisse-

1 Op het ogenblik (5 maart 2010) ligt het wetsvoorstel Evaluatiewet modernisering rechterlijke organisatie bij de Tweede Kamer (Kamerstuknummer 32 021), waarin wordt voorgesteld art. 93 sub a en b Rv te wijzigen en de kantonrechter zaken te laten behandelen tot en met een waarde van € 25.000 en daarnaast toe te voegen aan art. 93 sub c dat de kantonrechter tevens alle zaken behandelt over krediettransacties (consumentenkrediet tot en met € 40.000) en consumentenkoopovereenkomsten.

ment, een surseance van betaling of een schuldsaneringsregeling (art. 106 Rv).
Zo is bijvoorbeeld in een zaak betreffende een onroerende zaak 'mede bevoegd' de rechter binnen wiens rechtsgebied de zaak is gelegen (art. 103 Rv). De eiser kan dus kiezen: een koper van een huis kan de verkoper dagvaarden voor de rechter van de plaats waar deze woont (art. 99 lid 1 Rv), maar hij kan hem ook dagvaarden voor de rechter van de plaats waar de onroerende zaak gelegen is (art. 103 Rv).

Op de regel dat te allen tijde de rechter van de woonplaats van de gedaagde bevoegd is en in bepaalde zaken een andere rechter mede bevoegd, bestaan een aantal uitzonderingen.
In zaken betreffende huur van woon- of bedrijfsruimte is 'uitsluitend bevoegd' de rechter binnen wiens rechtsgebied het gehuurde is gelegen (art. 103 Rv). Verder moet nog vermeld worden dat wanneer er meerdere gedaagden zijn in eenzelfde zaak, de rechter die bevoegd is over één der gedaagden recht te spreken, dat ook over de andere gedaagden is (art. 107 Rv). Ten slotte moet nog gewezen worden op de forumkeuze van partijen; wanneer partijen bij overeenkomst een rechter hebben aangewezen een eventueel toekomstig geschil te behandelen, dan is deze rechter bevoegd in de zaak recht te spreken (art. 108 Rv).

Het is dus zaak om bij het vaststellen van de relatief competente rechter steeds de artikelen 100-108 Rv erop na te slaan.[2]

In de dagvaardingsprocedure wordt degene die iets vordert *eiser* genoemd en de persoon van wie iets gevorderd wordt *gedaagde* (= de gedagvaarde). De uitspraak van de civiele of kantonrechter wordt *vonnis* genoemd.[3]

---

2 Let op. Ten aanzien van de relatieve competentie in verzoekschriftprocedures gelden andere regels (zie art. 261 e.v. Rv).

3 In kortgedingzaken wordt degene die iets vordert *eiser* genoemd en de persoon van wie iets gevorderd wordt *gedaagde* (= de gedagvaarde). De uitspraak wordt *vonnis* genoemd. In een verzoekschriftprocedure wordt degene die vordert *verzoeker* (of requestrant) genoemd en degene van wie iets gevorderd wordt *verweerder* (of gerekestreerde). De uitspraak van de civiele of kantonrechter wordt in dat geval *beschikking* genoemd.

Opdrachten

1 **a** Glaszettersbedrijf Bossen te Hilversum heeft bij mevrouw Dijksterhuis, woonachtig in dezelfde plaats, voor € 3000 dubbel glas aangebracht in haar huis. Ondanks diverse aanmaningen weigert mevrouw Dijksterhuis de rekening te betalen omdat zij eerst de overheidssubsidie op dubbel glas ontvangen wil hebben.
Welke rechter is absoluut en relatief bevoegd in deze zaak recht te spreken?

b Stel nu dat het te vorderen bedrag € 5500 bedraagt, welke rechter is dan absoluut en relatief bevoegd om recht te spreken?

2 Cornelis Jansen, woonachtig te Amersfoort, reist dagelijks met de trein naar Utrecht en loopt vervolgens naar zijn werk. Onderweg loopt hij een vrouw omver, haar jas is gescheurd. Cornelis weigert de schade te betalen. Op grond van onrechtmatige daad vordert de vrouw € 200 schadevergoeding.
Welke rechter is absoluut en relatief bevoegd in deze zaak recht te spreken?

3 Vijf weken na de aankoop van uw Audi A5, wordt de auto voor uw deur in Nieuwegein gestolen. Vervolgens ziet u uw buurman twee weken later doodleuk in uw auto rijden. U spreekt hem erop aan en hij verweert zich met de mededeling dat hij de auto op de Utrechtse automarkt heeft gekocht. U pikt dit niet en u wilt de auto terugvorderen (revindiceren) bij de rechter.
Welke rechter is absoluut en relatief bevoegd in deze zaak recht te spreken?

4 U woont in Breda en heeft voor € 469 een platte Sony LCD televisie 32″ GL3244 gekocht bij de Mediamarkt te Bergen op Zoom. U heeft de televisie bij het uit de auto laden per ongeluk laten vallen en doet een beroep op de garantiebepaling. Mediamarkt geeft geen nieuwe, omdat zij stelt dat het uw eigen schuld is. U wilt een gerechtelijke procedure starten.
Welke rechter is absoluut en relatief bevoegd in deze zaak recht te spreken?

5 U hebt een geschil met uw werkgever over achterstallig loon. Het gaat om een bedrag van € 5200. U meent recht te hebben op dit bedrag, maar uw werk-

gever weigert te betalen. U woont in Amsterdam en u werkt in Den Haag bij het ministerie van Binnenlandse Zaken.
Welke rechter is absoluut en relatief bevoegd in deze zaak recht te spreken?

6 U hebt ernstige onenigheid met uw verhuurder. In verband met achterstallig onderhoud van de kant van de verhuurder, heeft u al een halfjaar geen huur meer betaald. Het gaat hier om de huur van een winkelpand in de Ferdinand Bolstraat te Amsterdam. De huurachterstand bedraagt inmiddels € 6000. De verhuurder dreigt met een rechtszaak.
Welke rechter is absoluut en relatief bevoegd in deze zaak recht te spreken?

Hoger beroep

Wanneer een der procespartijen het niet eens is met de uitspraak van de kantonrechter of de civiele rechter, kan hij in hoger beroep gaan bij het gerechtshof binnen 's welks rechtsgebied de rechtbank ligt.

De *absolute competentie* (welke rechter is bevoegd in welke soort zaak?) van het gerechtshof is geregeld in artikel 60 Wet RO:

> 'De gerechtshoven oordelen in hoger beroep over de daarvoor vatbare vonnissen en beschikkingen in burgerlijke zaken en strafzaken van de rechtbanken in hun ressort.'

Wat nu voor hoger beroep vatbare vonnissen in burgerlijke zaken zijn, is nader uitgewerkt in artikel 332 Rv. Hierin staat dat partijen slechts in beroep kunnen gaan tegen in eerste aanleg gewezen vonnissen:
- lid 1: waarin de vordering (of de geschatte waarde betreffende vorderingen van onbepaalde waarde) meer dan € 1750 bedraagt (inclusief de rente tot aan de dag van dagvaarding in eerste aanleg);
- lid 2: waarin de vorderingen, als het om meer vorderingen tussen dezelfde partijen gaat, opgeteld meer dan € 1750 bedragen;
- lid 3: waarin de vorderingen, indien er een eis in reconventie is ingesteld, in conventie en reconventie opgeteld meer dan € 1750 bedragen.

De *relatieve competentie* (welke rechter van welke plaats is bevoegd?) van het gerechtshof is eveneens geregeld in genoemd artikel 60 Wet RO. De gerechtshoven oordelen in hoger beroep over zaken van de rechtbanken die binnen hun ressort (rechtsgebied) liggen (zie de kaart op Rechtspraak.nl, klik op **Gerechten** en vervolgens op **Gerechtshoven**).

In hoger beroep wordt degene die in beroep gaat en zijn grieven tegen het vonnis aanvoert *appellant* genoemd en de tegenpartij *geïntimeerde*. In hoger beroep buigt het gerechtshof zich opnieuw over de feiten. De uitspraak van het gerechtshof wordt in dagvaardingsprocedures *arrest* genoemd.[4] Hierin kan het Hof twee dingen doen. Hij kan het vonnis van de rechtbank (de kantonrechter of de civiele rechter) bekrachtigen ofwel hij kan het vonnis van de rechtbank vernietigen en zelf uitspraak in de zaak doen.

Cassatie

Wanneer een der partijen het niet eens is met een uitspraak van het gerechtshof kan zij verder procederen bij de Hoge Raad. Zij stelt 'beroep in cassatie' in, hetgeen wil zeggen dat de partij wil dat het arrest van het gerechtshof vernietigd (gecasseerd) wordt.

De *absolute competentie* (welke rechter is bevoegd in welke soort zaak?) van de Hoge Raad is geregeld in artikel 78 lid 1 Wet RO:

> 'De Hoge Raad neemt kennis van het beroep in cassatie tegen handelingen, arresten, vonnissen en beschikkingen van gerechtshoven en rechtbanken, ingesteld hetzij door een partij hetzij "in het belang der wet" door de procureur-generaal bij de Hoge Raad.'[5]

4 In verzoekschriftprocedures wordt de uitspraak van het hof *beschikking* genoemd.

5 De Hoge Raad is daarnaast bij uitsluiting bevoegd recht te doen in zaken betreffende ambtsmisdrijven en -overtredingen begaan door parlementariërs, ministers en staatssecretarissen (art. 76 Wet RO) en zaken betreffende jurisdictiegeschillen tussen gerechtelijke instellingen (art. 77 Wet RO).

In artikel 398 Rv is dit voor burgerlijke zaken nader uitgewerkt. De Hoge Raad behandelt beroep in cassatie tegen uitspraken die hetzij in eerste en hoogste ressort (instantie) hetzij in hoger beroep zijn gewezen (art. 398 sub 1 Rv). Daarnaast behandelt hij beroep in cassatie tegen vonnissen die in eerste ressort op tegenspraak zijn gewezen, indien partijen nadien zijn overeengekomen het hoger beroep over te slaan (sub 2).

De *relatieve competentie* (welke rechter van welke plaats is bevoegd?) van de Hoge Raad is eveneens gebaseerd op genoemd artikel 78 lid 1 Wet RO. De relatieve competentie van de Hoge Raad is verder nergens expliciet geregeld, om de eenvoudige reden dat er binnen het rechtsgebied van de Staat der Nederlanden maar één Hoge Raad is. De Hoge Raad is gezeteld te Den Haag.

In cassatie wordt degene die in cassatie is gegaan *eiser tot cassatie* genoemd en de tegenpartij *verweerder in cassatie*.[6] In cassatie buigt de Hoge Raad zich niet opnieuw over de feiten, maar beoordeelt hij de bestreden gerechtelijke uitspraak alleen op verzuim van vormen of schending van het recht (art. 79 lid 1 Wet RO). Dit zijn dan ook de enige cassatiemiddelen die de eiser tot cassatie tot zijn beschikking heeft. De uitspraak van de Hoge Raad wordt *arrest* genoemd. Hierin kan de Hoge Raad twee dingen doen. Allereerst kan de Hoge Raad het beroep in cassatie verwerpen (waarmee de bestreden uitspraak in stand blijft). Ten tweede kan de Hoge Raad de bestreden uitspraak vernietigen, met als gevolg dat de Hoge Raad zelf de zaak afdoet (indien er geen feitelijke vragen op tafel komen) ofwel de zaak terugverwijst of verwijst naar een lagere rechter (indien er wel feitelijke vragen op tafel komen).

6 In een verzoekschriftprocedure worden zij respectievelijk *verzoeker tot cassatie* en *verweerder in cassatie* genoemd.

Opdrachten

7 U woont in Amsterdam en hebt enkele maanden geleden een nieuw fitnessapparaat gekocht voor € 2200 bij Sportivo B.V. gevestigd te Rotterdam. U bent zeer ontevreden over het apparaat, want hij doet het vaker niet dan wel. De leverancier wijst elke klacht van de hand. Er zit niets anders op dan u tot de rechter te wenden.

- **a** Welke rechter is absoluut bevoegd van het geschil kennis te nemen?
- **b** Welke rechter is relatief bevoegd van het geschil kennis te nemen?
- **c** De rechter stelt u in het ongelijk. Kunt u in hoger beroep tegen deze uitspraak?
- **d** Verandert uw antwoord op vraag 7c als de vordering € 1700 zou bedragen?
- **e** Stel dat u in hoger beroep kunt. Welke rechter is in hoger beroep absoluut en relatief bevoegd in deze zaak recht te spreken?

8 De heer Visser, wonende te Haarlem, heeft ontslag genomen bij het automatiseringsbedrijf B&B te Amsterdam, waar hij meer dan twaalf jaar in dienst is geweest. Hij wil na een korte vakantie zijn eigen bedrijf beginnen. Een automatiseringsadviesbureau lijkt hem wel wat. B&B is daar echter niet van gediend. Visser heeft namelijk bij zijn indiensttreding een schriftelijke arbeidsovereenkomst getekend met daarin opgenomen een zogenoemd concurrentiebeding. Volgens B&B moet Visser volgens dat beding € 6000 betalen als hij voor zichzelf begint. Daar is Visser het niet mee eens. Volgens hem geldt het beding alleen als hij bij een concurrent in dienst treedt, maar niet als hij voor zichzelf begint. Aangezien Visser niet betaalt, start B&B een gerechtelijke procedure.

- **a** Welke rechterlijke instantie is absoluut bevoegd recht te spreken inzake de vordering van B&B op Visser?
- **b** Verandert het antwoord op de vorige vraag indien de vordering niet € 6000 bedraagt, maar slechts € 2000?
- **c** Welke rechterlijke instantie is relatief bevoegd inzake de vordering van B&B op Visser?

- **d** Stel dat de rechter B&B in het gelijk stelt en Visser in hoger beroep gaat tegen deze uitspraak, welke rechter is in dat geval absoluut bevoegd een uitspraak in hoger beroep te doen?
- **e** Stel nu dat Visser in hoger beroep in het ongelijk wordt gesteld, kan Visser dan nog hogerop? En zo ja bij welke rechter?

9 Ruud (woonachtig te Haarlem) huurt een mooi winkelpand aan de Elandsgracht in Amsterdam en heeft een huurschuld van € 6000. De verhuurder van het winkelpand, Rinus, woont in Hilversum. Rinus wil de huurschuld vorderen voor de rechter.

- **a** Welke rechter is absoluut bevoegd?
- **b** Welke rechter is relatief bevoegd?
- **c** De rechter stelt Rinus in het gelijk, maar trekt € 4500 van de vordering af omdat ter zitting blijkt dat Ruud dit bedrag aan huurpenningen al heeft betaald. Rinus krijgt dus maar € 1500 toegewezen. Rinus is het hier niet mee eens en wil in hoger beroep. Kan Rinus in hoger beroep?

5.3 Strafrecht

In eerste aanleg

Met betrekking tot de *absolute competentie* (welke rechter is bevoegd in welke soort zaak?) is in artikel 45 lid 1 Wet RO vastgesteld dat de rechtbank in eerste aanleg alle strafzaken behandelt, behoudens bij de wet bepaalde uitzonderingen.[7]
Binnen de rechtbanken bestaat een taakverdeling tussen de kantonrechter (sector kanton) en de strafrechter (sector strafrecht).
Kort samengevat kan men zeggen dat de kantonrechter alle overtredingen behandelt (genoemd in Boek 3 'Overtredingen' van het Wetboek van Strafrecht) en de strafrechter alle misdrijven (genoemd in Boek 2 'Misdrijven' van het Wetboek van Strafrecht).

7 Daarnaast behandelt zij ook de zaken waarin kosten en schaden worden gevorderd door de benadeelde partij in strafzaken, de zogenoemde gevoegde zaken (art. 45 lid 2 Wet RO).

In artikel 382 Sv staan de strafbare feiten opgesomd die door de kantonrechter behandeld worden. Slechts één misdrijf wordt door de kantonrechter behandeld en wel stroperij (art. 382 sub a Sv). Onder 'stroperij' wordt het wegnemen van grond, planten, hout enzovoort verstaan (art. 314 Sr).[8] Daarnaast behandelt de kantonrechter alle overtredingen (art. 382 sub b Sv), met uitzondering van bijvoorbeeld overtredingen inzake de Opiumwet (art. 382 sub b sub 3 Sv).[9]
Eén bijzondere bevoegdheid van de kantonrechter is dat hij alle beroepszaken tegen lichte verkeersovertredingen (parkeerboetes bijvoorbeeld), ook wel 'Mulderzaken' genoemd, behandelt (art. 382 sub b sub 2 Sv).[10]

Wanneer een verdachte voor de strafrechter (sector strafrecht) moet verschijnen, wordt de zaak ofwel behandeld door één rechter (de enkelvoudige kamer), dit is de politierechter (als het om relatief lichte feiten gaat waarvoor de officier van justitie voornemens is niet meer dan één jaar gevangenisstraf te vragen), ofwel behandelen drie rechters de zaak, de meervoudige kamer (als het om een zwaardere zaak gaat).

Met betrekking tot de *relatieve competentie* (welke rechter van welke plaats is bevoegd?) geldt dat de eiser, de officier van justitie, de keuze heeft voor welke rechter hij de zaak brengt, er staat immers in de aanhef van artikel 2 lid 1 Sv: 'Van de rechtbanken zijn gelijkelijk bevoegd'. Meestal wordt hierin de hoofdregel gehanteerd, namelijk dat de zaak wordt voorgelegd aan de rechter binnen wiens rechtsgebied het feit is begaan (art. 2 lid 1 opsomming 1 Sv). Daarnaast is onder

---

8 Onder het delict 'stroperij' (art. 314 Sr) valt niet datgene wat er in het gewone taalgebruik onder wordt verstaan, namelijk 'het illegaal jagen of vissen'. Dát feit wordt in art. 9 van de Flora- en Faunawet strafbaar gesteld: 'Het is verboden dieren, behorende tot een beschermde inheemse diersoort, te doden, te verwonden, te vangen, te bemachtigen of met het oog daarop op te sporen.' Dit delict is overigens ook een misdrijf op grond van art. 1a sub 2 derde zin jo. art. 2 lid 1 Wet op de economische delicten.

9 In art. 382 sub b Sv staat verder dat de kantonrechter de volgende overtredingen niet behandelt: overtredingen inzake fraude (art. 447 c en d Sr) en overtredingen van ambtenaren van de burgerlijke stand (art. 465-468 sub 1 Sr) (sub 1), overtredingen inzake belastingen, behalve parkeerboetes (sub 2), overtredingen inzake de Opiumwet (sub 3), overtredingen van artsen die een zwangerschap afbreken (sub 4), overtredingen die de wet heeft voorbehouden aan een andere rechter (sub 5) en overtredingen begaan door personen onder de 18 en samenhangend met misdrijven of een van de voorgaand genoemde overtredingen (sub 6).

10 Hoger beroep is in dat geval alleen mogelijk bij het Gerechtshof Leeuwarden (art. 71 Wet RO).

meer bevoegd de rechter binnen wiens rechtsgebied de verdachte zijn woon- of verblijfplaats heeft (art. 2 lid 1 opsomming 2 Sv).[11]

In het proces voor de rechtbank (strafrechter of kantonrechter) wordt degene die het strafbare feit ten laste legt (de officier van justitie), *eiser* genoemd (hij vordert straf) en degene aan wie het strafbare feit ten laste wordt gelegd, *verdachte* genoemd. De uitspraak van de rechtbank noemen we *vonnis*.

Opdrachten

10 Vader Sander, woonachtig te Leiden, is met zijn zoon Lucas (8) en neefje Jannus (6) aan het vliegeren in de duinen bij Scheveningen en wordt door een agent geverbaliseerd omdat op vierhonderd meter afstand een bovengrondse hoogspanningsleiding staat. De officier van justitie legt Sander een boete op van € 500. Vader Sander pikt dit niet en laat de zaak voorkomen. Welke rechter is absoluut en relatief bevoegd in deze zaak recht te spreken?

11 Job en Harm fietsen na een avondje stappen in hun woonplaats Groningen naar huis. De zijspiegels van diverse auto's steken wel heel erg ver uit, zodat de jongens volharden in de rechte lijn waarin zij fietsen en de spiegels eraf trappen. Zij worden aangehouden, ontkennen en de officier van justitie ziet geen andere mogelijkheid dan hen te dagvaarden en legt hen vernieling ten laste. Welke rechter is absoluut en relatief bevoegd in deze zaak recht te wijzen?

12 Tjerk zit helemaal alleen in zijn Friese boerderij te Oldetrijne (Gemeente Weststellingwerf). Het is donker en koud en zijn vriendin Bregje heeft hem verlaten. Om wat warmte en sfeer in de huiskamer te brengen, spant hij zijn

11 Verder is bevoegd: de rechter binnen wiens rechtsgebied de verdachte verblijft, binnen wiens rechtsgebied de verdachte zijn laatste woon- of verblijfplaats heeft gehad, die bij welke tegen de verdachte een vervolging ter zake van een ander feit is aangevangen, die welker rechtsgebied grenst aan de territoriale zee indien het feit is begaan ter zee en nog een paar mogelijkheden (art. 2 lid 1 Sv e.v.). Strafbare feiten die aan boord van een Nederlands vaartuig of luchtvaartuig zijn begaan, worden vervolgd voor de rechter van de plaats waar de eigenaar van het vaartuig woont of waar zijn bedrijf is gevestigd (art. 4 Sv).

paard voor de menwagen, haalt Femke op (die erg van mennen houdt) en haalt samen met haar een stapeltje gehakte boomstammen op uit het bos van zijn buurman, boer Tinus. Tijdens het opladen wordt hij betrapt door de veldwachter (ouderwetse term voor 'agent').
Welke rechter is absoluut en relatief bevoegd?

13 Willem gaat stappen met zijn vrienden en haalt eerst even een zakje hasjiesj bij zijn straatverkoper. Bij een fouillering wordt hij betrapt op het bij zich hebben van deze hasjiesj. De officier van justitie legt dit hem ten laste op grond van artikel 3 sub C Opiumwet.
Welke rechter is absoluut bevoegd?

14 Johan, woonachtig te Vught, parkeert zijn auto in het centrum van Den Bosch. De parkeerautomaat werkt echter niet, dus laat Johan zijn auto gewoon staan. Bij terugkomst ziet hij een bekeuring achter zijn ruitenwisser zitten. Johan dient een bezwaarschrift in bij de dienst parkeerzaken en u raadt het al, zijn bezwaar wordt ongegrond verklaard. Johan wil hiertegen in beroep.
Welke rechter is absoluut en relatief bevoegd?

Hoger beroep

Wanneer de officier of de verdachte het niet eens is met de uitspraak van de kantonrechter of de strafrechter kan hij in hoger beroep gaan bij het gerechtshof, binnen 's welks ressort (rechtsgebied) de rechtbank ligt.[12]

De *absolute competentie* (welke rechter is bevoegd in welke soort zaak?) van het gerechtshof is geregeld in artikel 60 lid 1 Wet RO:

> 'De gerechtshoven oordelen in hoger beroep over de daarvoor vatbare vonnissen en beschikkingen in burgerlijke zaken en strafzaken van de rechtbanken in hun ressort.'

12 De verdachte kan overigens niet in hoger beroep wanneer hij van de gehele tenlastelegging is vrijgesproken (art. 408 lid 1 Sv).

Wat nu voor hoger beroep vatbare vonnissen in strafzaken zijn, is nader geregeld in artikel 404 Sv. Zowel tegen vonnissen betreffende misdrijven (lid 1) als vonnissen betreffende overtredingen (lid 2) staat hoger beroep open tegen de uitspraak. Om het gerechtshof niet over te belasten zijn evenwel sommige vonnissen betreffende overtredingen hiervan uitgesloten, zoals wanneer er geen straf of maatregel is opgelegd (art. 404 lid 2 sub a Sv) of wanneer de geldboete niet meer dan € 50 bedraagt (art. 404 lid 2 sub b Sv).

De *relatieve competentie* (welke rechter van welke plaats is bevoegd?) van het gerechtshof is eveneens geregeld in genoemd artikel 60 Wet RC. De gerechtshoven oordelen in hoger beroep over zaken van de rechtbanken die binnen hun ressort (rechtsgebied) liggen (zie de kaart op Rechtspraak.nl, klik op **Gerechten** en vervolgens op **Gerechtshoven**).

In hoger beroep wordt degene die in beroep gaat en zijn grieven tegen het vonnis aanvoert *appellant* genoemd en de tegenpartij de *geïntimeerde*. In hoger beroep buigt het gerechtshof zich opnieuw over de feiten. De uitspraak van het gerechtshof wordt *arrest* genoemd. Hierin kan het hof twee dingen doen. Hij kan het vonnis van de rechtbank (de kantonrechter of de strafrechter) bekrachtigen ofwel hij kan het vonnis van de rechtbank vernietigen en zelf uitspraak in de zaak doen.

Cassatie

Wanneer een der partijen het niet eens is met een uitspraak van het gerechtshof kan zij verder procederen bij de Hoge Raad. Zij stelt 'beroep in cassatie' in, hetgeen wil zeggen dat de partij wil dat het arrest van het gerechtshof vernietigd (gecasseerd) wordt.

De *absolute competentie* (welke rechter is bevoegd in welke soort zaak?) van de Hoge Raad is geregeld in artikel 78 lid 1 Wet RO:

> 'De Hoge raad neemt kennis van het beroep in cassatie tegen de handelingen, arresten, vonnissen en beschikkingen van de gerechtshoven en rechtbanken,

> ingesteld hetzij door een partij hetzij "in het belang der wet" door de procureur-generaal bij de Hoge Raad.'[13]

In artikel 427 Sv is dit voor strafzaken verder uitgewerkt. Tegen arresten van de gerechtshoven betreffende misdrijven (lid 1) en overtredingen (lid 2) staat beroep in cassatie open voor het openbaar ministerie en de verdachte. Ook hier worden in het kader van de procesefficiëntie sommige vonnissen betreffende overtredingen hiervan uitgesloten, zoals wanneer er geen straf of maatregel is opgelegd (art. 427 lid 2 sub a Sv) of wanneer de geldboete niet meer dan € 250 bedraagt (art. 427 lid 2 sub b Sv).

De *relatieve competentie* (welke rechter van welke plaats is bevoegd?) van de Hoge Raad is eveneens gebaseerd op genoemd artikel 78 lid 1 Wet RO. De relatieve competentie van de Hoge Raad is verder nergens expliciet geregeld, om de eenvoudige reden dat er binnen het rechtsgebied van de Staat der Nederlanden maar één Hoge Raad is. De Hoge Raad is gezeteld te Den Haag.

In cassatie wordt degene die in cassatie is gegaan *eiser tot cassatie* genoemd en de tegenpartij *verweerder in cassatie*. In cassatie buigt de Hoge Raad zich niet opnieuw over de feiten, maar beoordeelt hij het arrest van het gerechtshof alleen op verzuim van vormen of schending van het recht (art. 79 Wet RO). Dit zijn dan ook de enige cassatiemiddelen die de eiser tot cassatie tot zijn beschikking heeft. De uitspraak van de Hoge Raad wordt *arrest* genoemd. Hierin kan de Hoge Raad twee dingen doen. Allereerst kan de Hoge Raad het beroep in cassatie verwerpen (waarmee de bestreden uitspraak in stand blijft). Ten tweede kan de Hoge Raad de bestreden uitspraak vernietigen, met als gevolg dat de Hoge Raad zelf de zaak afdoet (indien er geen feitelijke vragen op tafel komen) ofwel de zaak terugverwijst of verwijst naar een lagere rechter (indien er wel feitelijke vragen op tafel komen).

13 De Hoge Raad is daarnaast bij uitsluiting bevoegd recht te doen in zaken betreffende ambtsmisdrijven en -overtredingen begaan door parlementariërs, ministers en staatssecretarissen (art. 76 Wet RO) en zaken betreffende jurisdictiegeschillen tussen gerechtelijke instellingen (art. 77 Wet RO).

Opdrachten

15 Peter en Joost hebben zin om de ruiten in te gooien van een leegstaand schoolgebouw. Nadat zij zeventien ramen aan diggelen hebben gegooid, worden zij op heterdaad betrapt door twee gealarmeerde agenten. De daders krijgen een proces-verbaal aan hun broek. De officier van justitie geeft hen de keus: of zij vervoegen zich bij Bureau HALT voor een alternatieve straf of zij moeten voorkomen. De ouders kiezen voor voorkomen. Zij zeggen dat het schoolgebouw toch gesloopt zou worden.

- **a** Welke rechter is absoluut bevoegd om in deze zaak recht te spreken?
- **b** De rechter veroordeelt hen tot het verrichten van een taakstraf: veertig uur werken bij een glaszettersbedrijf. Kunnen zij in hoger beroep?
- **c** In hoger beroep verwerpt het gerechtshof het beroep en laat de uitspraak van de strafrechter in stand. Kunnen de jongens in cassatie?

16 Wilfred is alleen thuis, zijn ouders zijn op verjaarsvisite. Hij heeft op zijn zolderkamer een vette joint gerookt en begint te flippen. Hij trekt zijn kleren uit en loopt naakt door het steegje achter zijn huis, allerlei maatschappijkritische gedachten uitschreeuwend. De buren worden wakker en schakelen de politie in. Wilfred wordt uiteindelijk door de officier naaktrecreatie en burengerucht ten laste gelegd.

- **a** Welke rechter is absoluut bevoegd over deze zaak te oordelen?
- **b** De kantonrechter legt Wilfred een boete op van € 50 voor naaktloperij en € 50 voor burengerucht. Kan hij hiertegen in beroep?
- **c** Het gerechtshof vindt dat Wilfred wel erg laag is beboet en verhoogt de boete. Het legt Wilfred een boete op van € 100 voor naaktloperij en eveneens € 100 voor burengerucht. Kan Wilfred in cassatie?

5.4 Bestuursrecht

Ook in het bestuursrecht is er een rechtsgang in drie fasen, alleen mogen we dit geen *rechtspraak* in drie fasen noemen, omdat de eerste rechtsgang voor het beslissende bestuursorgaan plaatsvindt en niet voor de rechter. We spreken in deze fase dan ook niet van absolute en relatieve competentie ('competentie' is immers de bevoegdheid tot *rechtspreken*).

Wanneer een belanghebbende het niet eens is met een besluit van een bestuursorgaan kan hij bezwaar maken tegen dit besluit door het indienen van een bezwaarschrift bij het bestuursorgaan dat het besluit heeft genomen (art. 6:4 lid 1 Awb). De beslissing van het bestuursorgaan wordt *beslissing op bezwaar* genoemd. De indiener van het bezwaarschrift wordt *bezwaarde* genoemd.

Beroep

Wanneer de bezwaarde het niet eens is met de beslissing op bezwaar, omdat zijn bezwaar bijvoorbeeld ongegrond is verklaard, kan hij in beroep bij de rechtbank (sector bestuursrecht). Noodzakelijk is daarvoor wel dat er een bezwaarschrift is ingediend (ontvankelijkheidsvereiste, art. 7:1 lid 1 Awb).

De *absolute competentie* (welke rechter in welke soort zaak is bevoegd?) is geregeld in artikel 43 Wet RO:

> 'De rechtbanken nemen in eerste aanleg kennis van alle bestuursrechtelijke zaken waarvan de kennisneming bij de wet aan hen is opgedragen.'

'Bij wet' wordt dit in artikel 8:1 lid 1 Awb aan de rechtbanken opgedragen: 'Een belanghebbende kan tegen een besluit beroep instellen bij de rechtbank.'

Met betrekking tot de *relatieve competentie* (welke rechter van welke plaats is bevoegd?) geldt als hoofdregel dat die rechtbank bevoegd is binnen wiens rechtsgebied het decentrale bestuursorgaan (gemeente, provincie, waterschap, politieregio enz.) zijn zetel heeft (art. 8:7 lid 1 Awb). Alleen wanneer het gaat om beslissingen van centrale bestuursorganen zoals ministers, staatssecretarissen, het UWV, de SVB enzovoort, dan is die rechtbank bevoegd binnen wiens rechtsgebied de indiener van het beroepsschrift zijn woonplaats heeft (art. 8:7 lid 2 Awb).

Soms moet u geen beroep instellen bij de rechtbank, maar bij een andere instantie. Voor milieuzaken en sommige ruimtelijkeordeningszaken is de Afdeling bestuursrechtspraak van de Raad van State (ABRvS) eerste en enige rechter. Voor onder meer geschillen betreffende de uitvoering van wetten voor oorlogs- en vervolgingsgetroffenen is de Centrale Raad van Beroep (CRvB) eerste en enige rechter en voor geschillen op het terrein van het sociaaleconomisch bestuursrecht (vooral Europees recht) is dat het College van Beroep voor het bedrijfsleven (CBb).

Wanneer een burger in beroep gaat bij de rechtbank wordt hij *eiser* genoemd.[14] Het bestuursorgaan is de *verweerder*. De uitspraak van de bestuursrechter wordt eenvoudig *uitspraak* genoemd. Wanneer de rechtbank het beroep gegrond verklaart, vernietigt zij het bestreden besluit geheel of gedeeltelijk en verplicht het bestuursorgaan een nieuw besluit te nemen of bepaalt zij dat haar uitspraak in de plaats treedt van het vernietigde besluit.

Behalve de gewone beroepsprocedure kent het bestuursrecht ook de voorlopige-voorzieningsprocedure. Wanneer er onverwijlde spoed is geboden bij de beslissing van een bestuursorgaan waartegen een bezwaarschrift is ingediend of waartegen beroep op bezwaar is ingesteld, kan de voorzieningenrechter van de rechtbank een voorlopige voorziening treffen (art. 8:81 Awb).[15]

Opdrachten

17 Tijs woont in een lommerrijke buurt in Alkmaar en wil een boom kappen in zijn voortuin. De gemeente Alkmaar weigert echter een kapvergunning te verlenen. Tijs is het daar niet mee eens.

- **a** Wat kan hij hiertegen doen?
- **b** Tijs' bezwaarschrift wordt ongegrond verklaard door de gemeente Alkmaar. Hij is het hier niet mee eens en wil bij de rechter zijn gelijk halen. Welke rechter is absoluut en relatief bevoegd deze zaak te behandelen?

---

14 Bij andere instanties in eerste aanleg *appellant*.

15 In een voorlopige-voorzieningsprocedure wordt degene die om een voorlopige voorziening vraagt *verzoeker* genoemd en het bestuursorgaan *verweerder*. Een verzoek om een voorlopige voorziening kan overigens ook ingediend worden ten aanzien van een zaak in hoger beroep.

18 U woont in Dordrecht en heeft met een aantal medestudenten het orkest Hobo recht opgericht. U vraagt hiervoor subsidie aan bij het ministerie van Onderwijs, Cultuur en Wetenschap, maar het ministerie weigert subsidie te verstrekken. Nadat uw bezwaarschrift ongegrond is verklaard, wilt u in beroep bij de rechter. Welke rechter is absoluut en relatief bevoegd deze zaak te behandelen?

19 Een autogaragebedrijf in Amsterdam wil een benzinepomp openen. Op grond van artikel 8.1 Wet milieubeheer wordt een vergunning aangevraagd bij het college van B&W. Deze wordt geweigerd. Het ingediende bezwaar wordt verworpen. Welke rechter is absoluut en relatief bevoegd deze zaak te behandelen?

Hoger beroep

Een belanghebbende en het bestuursorgaan kunnen hoger beroep instellen bij de Afdeling bestuursrechtspraak van de Raad van State tegen een uitspraak van de rechtbank. Deze *absolute competentie* (welke rechter is bevoegd in welke soort zaak?) van de Afdeling is vastgesteld in artikel 37 lid 1 Wet op de Raad van State (Wet RvS):

> 'Een belanghebbende en het bestuursorgaan kunnen bij de Afdeling hoger beroep instellen tegen een uitspraak van de rechtbank (…) en tegen een uitspraak van de voorzieningenrechter van de rechtbank (…), tenzij tegen de uitspraak hoger beroep kan worden ingesteld bij de Centrale Raad van Beroep of het College van Beroep voor het bedrijfsleven.'

De *relatieve competentie* (welke rechter van welke plaats is bevoegd?) van de Afdeling bestuursrechtspraak van de Raad van State is eveneens gebaseerd op genoemd artikel 37 lid 1 Wet RvS. De relatieve competentie van de Afdeling is verder nergens in de wet expliciet geregeld, om de eenvoudige reden dat er binnen het rechtsgebied van de Staat der Nederlanden maar één Afdeling bestuursrechtspraak van de Raad van State is. De Raad van State is gezeteld te Den Haag.

Zowel het bestuursorgaan als de belanghebbende kan hoger beroep instellen en wordt in dat geval *appellant* genoemd. Een verweerder is er niet; het hoger beroep richt zich uitsluitend tegen de uitspraak van de rechtbank. De uitspraak van de Afdeling wordt eenvoudig *uitspraak* genoemd. Hierin kan de Afdeling de uitspraak van de rechtbank bevestigen of vernietigen. Wanneer de Afdeling een uitspraak vernietigt, kan zij zelf uitspraak in de zaak doen of de zaak terugverwijzen naar de rechtbank.

Bepaalde zaken in het bestuursrecht worden in hoger beroep door andere colleges dan de Afdeling bestuursrechtspraak van de Raad van State behandeld; er staat immers ook in artikel 37 lid 1 Wet RvS 'tenzij tegen de uitspraak hoger beroep kan worden ingesteld bij de Centrale Raad van Beroep of het College van Beroep voor het bedrijfsleven'.

Zo beslist de Centrale Raad van Beroep (te Utrecht) in hoger beroep over ambtenarenzaken (art. 18 lid 1 Beroepswet) en socialezekerheidszaken (art. 18 lid 2 Beroepswet jo. Bijlage). De Bijlage bij de Beroepswet bevat alle wettelijke voorschriften op grond waarvan een veelal bij de rechtbank bestreden besluit is genomen waartegen beroep openstaat bij de Centrale Raad voor Beroep.

Bij het College van Beroep voor het bedrijfsleven (te Den Haag) kan hoger beroep ingesteld worden tegen uitspraken van rechtbanken op het terrein van het sociaaleconomisch bestuursrecht (art. 20 lid 1 jo. de Bijlage bij de Wet bestuursrechtspraak bedrijfsorganisatie). Dit betekent dat er vaak kwesties van Europees recht spelen. Daarnaast is er het College hogerberoepsinstantie voor uitspraken betreffende een bepaald aantal wetten, bijvoorbeeld de Mededingingswet en de Telecommunicatiewet.

Beroep in cassatie is in het bestuursrecht niet mogelijk.

Opdrachten

20 Dirk wil een serre aan zijn huis bouwen. De gemeente Rotterdam heeft geweigerd daarvoor een vergunning af te geven. Dirk heeft een bezwaarschrift ingediend, dat ongegrond wordt verklaard. Dirk gaat in beroep bij de rechtbank te Rotterdam, maar wordt door de rechter in het ongelijk gesteld. Nu wil Dirk in hoger beroep. Bij welke rechter moet hij in hoger beroep?

21 U woont in Alkmaar en bent helaas werkloos geworden. Het UWV WERKbedrijf weigert u een uitkering te verstrekken. Het is van mening dat u verwijtbaar werkloos bent. Op uw bezwaarschrift wordt door het UWV WERKbedrijf negatief beslist. U wilt in beroep.

a Welke rechter is absoluut en relatief bevoegd in deze zaak?

b De rechter stelt u in het ongelijk en u wilt in hoger beroep. Waar moet u heen?

Rechtspraak in drie instanties[16]

	Civiele rechtspraak	Strafrechtspraak	Bestuursrechtspraak
Cassatie	Hoge Raad	Hoge Raad	
	abs. en rel. competentie:	*abs. en rel. competentie*:	
	Beslist in cassatie over uitspraken van de gerechtshoven (art. 78 Wet RO jo. art. 398 Rv)	Beslist in cassatie over uitspraken van de gerechtshoven (art. 78 Wet RO jo art. 427 Sv)	

16 Bij bestuursrechtspraak is er, zoals u ziet, geen rechtspraak in drie, maar in twee instanties. Het eerste middel dat de bezwaarde ten dienste staat, is een bezwaarschrift indienen bij het beslissende bestuursorgaan. Een bestuursorgaan is geen rechtsprekende instantie.

	Civiele rechtspraak	Strafrechtspraak	Bestuursrechtspraak
Hoger beroep	Gerechtshof	Gerechtshof	ABRvS
	abs. competentie:	*abs. competentie*:	*abs. en rel. competentie*:
	Beslist in hoger beroep over uitspraken van de rechtbank t/m een gevorderd bedrag van € 1750 (art. 60 Wet RO jo. art. 332 lid 1 Rv)	Beslist in hoger beroep over uitspraken van de rechtbank (art. 60 Wet RO jo. art. 404 Sv)	Beslist in hoger beroep over uitspraken van de rechtbank (art. 37 Wet RvS)
	rel. competentie:	*rel. competentie*:	
	Bevoegd is het gerechtshof binnen wiens ressort de rechtbank ligt (art. 60 Wet RO)	Bevoegd is het gerechtshof binnen wiens ressort de rechtbank ligt (art. 60 Wet RO)	
Eerste aanleg	Rechtbank	Rechtbank	Rechtbank
	abs. competentie:	*abs. competentie*:	*abs. competentie*:
	Civiele rechter (sector civielrecht): behandelt civiele zaken (art. 42 Wet RO)	Strafrechter (sector strafrecht): behandelt alle misdrijven (art. 45 lid 1 Wet RO)	Bestuursrechter (sector bestuursrecht) behandelt bestuursrechtelijke zaken (art. 43 Wet RO jo. art. 8:1 Awb)
	Kantonrechter: behandelt alle vorderingen t/m € 5000, maar ook alle geschillen over arbeidsovereenkomsten, huurovereenkomsten enz. (art. 93 Rv)	Kantonrechter: behandelt alle overtredingen (art. 382 sub b Sv)	
	rel. competentie:	*rel. competentie*:	*rel. competentie*:
	Hoofdregel: bevoegd is de rechter van de woonplaats van de gedaagde (art. 99 e.v. Rv)	Hoofdregel: bevoegd is de rechter binnen wiens rechtsgebied het delict is begaan (art. 2 e.v. Sv)	Hoofdregel: bevoegd is de rechtbank binnen wiens rechtsgebied het bestuursorgaan zijn zetel heeft (art. 8:7 Awb)

	Civiele rechtspraak	Strafrechtspraak	Bestuursrechtspraak
			Bestuursorgaan
			Bezwaarschrift indienen bij het bestuursorgaan dat het besluit heeft genomen (art. 6:4 lid 1 Awb)

6 Het lezen van vonnissen en arresten

In dit hoofdstuk wordt uitgelegd hoe een uitspraak van de rechter het best kan worden gelezen. Wij beperken ons tot uitspraken binnen de civiele rechtspraak, en wel tot een vonnis en een arrest. Verder wordt er ingegaan op de publicatie van uitspraken, de rol van de partijen bij de diverse procedures en de opbouw van het vonnis en het arrest.

Uitspraken van rechters vormen een belangrijke rechtsbron. De rechter is bij het doen van een uitspraak niet alleen gebonden aan de wet, maar zal ook rekening houden met uitspraken van andere rechters. De verzameling van uitspraken die eerder door rechters is gedaan, heet jurisprudentie. Naast jurisprudentie worden als bronnen van het recht beschouwd: wetten, gewoonten en gebruiken, internationale verdragen en de Grondwet.

6.1 Publicatie in tijdschriften

Omdat jurisprudentie een rechtsbron is, is het van belang dat gerechtelijke uitspraken worden vastgelegd en gepubliceerd. Naast de rechter kan iedere geïnteresseerde van de uitspraak kennisnemen. De geïnteresseerden variëren van juridische beroepsbeoefenaars tot studenten en gewone burgers. Al heel lang worden uitspraken in jurisprudentietijdschriften gepubliceerd. In het bekendste tijdschrift, de *Nederlandse Jurisprudentie* (*NJ*), worden sinds 1913 wekelijks belangwekkende uitspraken in burgerlijke en strafzaken gepubliceerd. Er zijn enkele grote juridische uitgevers die diverse jurisprudentietijdschriften uitgeven. Een tijdschrift kan zich richten op een bepaald rechtsgebied of op voornamelijk uitspraken van een bepaalde gerechtelijke instantie. Enkele voorbeelden: in de *Praktijkgids* (*PRG*) staan met name uitspraken van de kantonrechter op het gebied van arbeidsrecht en huurrecht en in het tijdschrift *Jurisprudentie Onderneming & Recht* (*JOR*) vindt u alle belangrijke uitspraken van de diverse gerechtelijke instanties op het gebied van onderneming en recht.
Publicatie in een jurisprudentietijdschrift houdt in dat de uitspraak wordt bewerkt voordat deze in het tijdschrift wordt opgenomen. De redactie van het tijdschrift

bepaalt in eerste instantie welke uitspraken worden opgenomen. Vervolgens worden de uitspraken – dit kan per tijdschrift verschillen – voorzien van een samenvatting, trefwoorden, relevante wetsartikelen en een annotatie. Een annotatie treft u aan bij belangrijke uitspraken van de Hoge Raad. Dit is een commentaar bij de uitspraak van een ter zake kundige jurist, waarbij de annotator het belang van het arrest aangeeft. Kritiek op de overwegingen van de Hoge Raad wordt hierin ook wel gegeven. Een uitspraak opgenomen in de *NJ* wordt als volgt geciteerd: HR 18 september 2009, *NJ* 2010, 186.

6.2 Juridische databanken

De ontwikkeling van het digitaal zoeken en raadplegen van uitspraken heeft sinds 1980 een grote vlucht genomen. De grote juridische uitgevers hebben hun tijdschriften in juridische databanken opgenomen. Betaling – middels een abonnement voor al dan niet meerdere gebruikers – is voorwaarde om de informatie via de databanken te kunnen zoeken en raadplegen. Een combinatie van een abonnement op het papieren tijdschrift en een onlineabonnement komt veel voor. In de databanken is exact dezelfde informatie te vinden als in de tijdschriften. De datum vanaf wanneer uitspraken digitaal te raadplegen zijn, kan per tijdschrift verschillen. Deze informatie is terug te vinden in de desbetreffende databank.

De Rechtspraak en de Hoge Raad der Nederlanden hebben de belangrijke gratis internetsite Rechtspraak.nl geïntroduceerd (<www.rechtspraak.nl>). Via deze site heeft u direct toegang tot de sites van alle rechtbanken, gerechtshoven, de Hoge Raad, de Centrale Raad van Beroep, het College van Beroep voor het bedrijfsleven en de Raad voor de rechtspraak.
Belangrijk onderdeel van de site is de publicatie sinds december 1999 van uitspraken. Het is niet zinvol om alle uitspraken te publiceren, er zijn selectiecriteria opgesteld op grond waarvan uitspraken door de gerechten voor publicatie worden geselecteerd. Het gaat met name om uitspraken die juridisch of publicitair belangrijk zijn. Het is mogelijk om via een uitgebreid zoekscherm te zoeken op Rechtspraak.nl naar uitspraken. Aan alle uitspraken wordt een landelijk jurisprudentienummer toegekend (LJN). Een uitspraak opgenomen op Rechtspraak.nl wordt als volgt geciteerd: Rb. Utrecht 21 april 2010, *LJN* BM1744.

Uitspraken die gepubliceerd worden op Rechtspraak.nl worden vaak snel na de uitspraak geplaatst; veel uitspraken worden zelfs op de dag van de uitspraak al geplaatst. Dit is mogelijk omdat de uitspraken niet worden 'bewerkt', zoals de uitspraken die in de diverse jurisprudentietijdschriften worden opgenomen. Deze laatstgenoemde uitspraken worden voorzien van een samenvatting, trefwoorden, een noot enzovoort. Dit duurt vaak enige maanden. Pas daarna komen ze in jurisprudentietijdschriften en juridische databanken te staan.

Opdracht

1 Waarom dient voor het zoeken en raadplegen van jurisprudentie opgenomen in databanken van juridische uitgevers te worden betaald?

6.3 Civiele rechtspraak

De civiele rechtspraak is in handen gelegd van rechtbanken, gerechtshoven en de Hoge Raad der Nederlanden. In 2002 zijn de kantongerechten opgegaan in de rechtbanken; bij de rechtbank kennen wij naast de sector civiel dan ook de sector kanton. De kantonrechter maakt deel uit van de sector kanton en is een alleensprekende rechter. Voor de absolute en relatieve competentie (bevoegdheid tot kennisnemen van geschillen) van de kantonrechter wordt verwezen naar hoofdstuk 5 van dit boek. De wettelijke grondslag van de bevoegdheid van de kantonrechter is te vinden in de artikelen 93 Rv en 99 e.v. Rv.

Een geding bij de civiele rechter begint meestal met een dagvaarding, die door de ene partij tegen de andere wordt uitgebracht. Naast dagvaardingsprocedures kennen wij procedures die beginnen met een verzoekschrift, dit is vastgelegd in artikel 261 Wetboek van Burgerlijke Rechtsvordering. In het personen- en familierecht en het arbeidsrecht komen verzoekschriftprocedures nogal eens voor, bijvoorbeeld een verzoek tot ontbinding van een huwelijk of een verzoek tot ontbinding van een arbeidsovereenkomst. Een uitspraak gedaan door de rechtbank, sector kanton of civiel, heet *vonnis* als het een dagvaardingsprocedure betreft en *beschikking* als het een verzoekschriftprocedure betreft.

De civiele kamer van het gerechtshof, bestaande uit één of drie raadsheren, beslist in hoger beroep over uitspraken van de rechtbank, zowel van de sector kanton als van de sector civiel. Een uitspraak van het gerechtshof heet in een dagvaardingsprocedure *arrest* en in een verzoekschriftprocedure *beschikking*.

De civiele kamer van de Hoge Raad bestaat uit drie of vijf raadsheren. Bij de Hoge Raad kan een partij beroep in cassatie instellen, dat wil zeggen degene die in cassatie gaat, verzoekt de Hoge Raad om de uitspraak van de lagere rechter te vernietigen. De Hoge Raad kijkt niet meer naar de feiten, maar beoordeelt of er geen vormfouten zijn gemaakt en of het recht door de lagere rechter op de juiste wijze is uitgelegd (zie art. 79 Wet RO). De uitspraak van de Hoge Raad heet in een dagvaardingsprocedure *arrest* en in een verzoekschriftprocedure *beschikking*.

Opdracht

2 Een uitspraak van de rechtbank in een dagvaardingsprocedure heet een vonnis. Hoe heet een uitspraak van de rechtbank in een verzoekschriftprocedure?

Het geding in eerste aanleg

Om u te oefenen in het lezen van een vonnis, volgt hieronder een uitspraak in eerste aanleg. Deze uitspraak, een vonnis van de kantonrechter, is gepubliceerd in de *Praktijkgids*, de vindplaats is: *PRG* 2010, 13. Deze procedure is gestart met een dagvaarding, de partijen worden daarom aangeduid met *eiser* en *gedaagde* (bij een verzoekschriftprocedure heten partijen *verzoeker* of *requestrant* en *verweerder* of *gerekestreerde*).
U dient eerst het vonnis te lezen en vervolgens de vragen te beantwoorden.

Rechtbank Breda (Kantonrechter) 18 november 2009 nr. 553932/CV/09-4964,
LJN: BK4892,
Mr. J.L. Sierkstra

Wetingang:

BW art. 6:265, 7:213, 214

Essentie

Huurrecht. Is de aanwezigheid van een partij verdovende middelen in huurwoning grond voor ontbinding van de huurovereenkomst?
Enkel als sprake is van bijkomende omstandigheden, zoals handelsactiviteiten, gevaarzetting en/of overlast.

Samenvatting

Stichting Allee Wonen vordert veroordeling van huurder tot ontruiming van zijn huurwoning op grond van stankoverlast en de aanwezigheid van 9 kilo hennep en 2 kilo hasj in het gehuurde. Aan een verzoek de huurovereenkomst zelf op te zeggen, teneinde het geding te voorkomen, heeft huurder niet voldaan. Huurder betwist de overlast en stelt dat daarvan na de politie-inval op 10 februari 2009 in ieder geval geen sprake meer is.
De kantonrechter overweegt, dat het enkele feit van de aanwezigheid van verdovende middelen in het gehuurde nog niet leidt tot ontbinding van de huurovereenkomst. Daarnaast moet er sprake zijn van bijkomende omstandigheden, zoals handelsactiviteiten, gevaarzetting en/of overlast. Die bijkomende omstandigheden doen zich in dit geval voor, omdat sprake is van omwonenden, die klagen over stankoverlast en de aanwezigheid in de woning van 19 droogrekken. Volgt ontbinding en veroordeling tot ontruiming binnen 14 dagen na de betekening van het vonnis.

vonnis d.d. 18 november 2009
inzake
de stichting ALLEE WONEN, tevens handelende onder de naam Singelveste Allee Wonen,
gevestigd te Roosendaal,
eiseres,
gemachtigde: mr. A.A.M. Simons, advocaat te Breda,
tegen
[gedaagde],
wonende te [adres],
gedaagde,
gemachtigde: mr. drs. A.J. van der Knijff, advocaat te Breda.
Partijen worden door de kantonrechter hierna aangeduid als Allee Wonen en [gedaagde].

1. Het verdere verloop van de procedure

Het verdere verloop van de procedure blijkt uit de volgende stukken:

a. het tussenvonnis van 26 augustus 2009 en de daarin genoemde stukken;
b. de aantekeningen van de griffier met betrekking tot de comparitie van partijen van 20 oktober 2009.

2. Het geschil

2.1

Allee Wonen vordert bij vonnis, uitvoerbaar bij voorraad:

a) ontbinding van de huurovereenkomst met betrekking tot de woning Meerten Verhoffstraat 51 te Breda;
b) veroordeling van [gedaagde] tot ontruiming van het gehuurde binnen 14 dagen na betekening van het te dezen te wijzen vonnis;
c) veroordeling van [gedaagde] in de proceskosten.

[gedaagde] voert verweer en concludeert tot afwijzing van de vordering.

3. De beoordeling

3.1.

Tussen partijen staat als enerzijds gesteld en anderzijds niet of onvoldoende weersproken en/of op grond van de onbestreden inhoud van overgelegde producties en/of de aantekeningen comparitie van partijen het volgende vast:

a. [gedaagde] heeft met ingang van 28 september 2007 van Allee Wonen gehuurd de woning gelegen aan [adres] (hierna: de woning).

b. In de huurovereenkomst is bepaald, dat het gehuurde uitsluitend is bestemd om voor huurder en de leden van zijn huishouden te worden gebruikt als woonruimte.

c. Verder luidt artikel 9 van de huurovereenkomst als volgt:

'9.1.

De huurder verklaart te hebben ontvangen:

a. De algemene huurvoorwaarden woonruimte van verhuurder d.d. november 2004;

(...)

9.2.

De in het eerste lid van dit artikel bedoelde bijlagen maken deel uit van de huurovereenkomst.'

d. De algemene huurvoorwaarden bevatten onder meer de volgende bepalingen:

'6.3.

Huurder zal het gehuurde gebruiken en onderhouden zoals het een goed huurder betaamt.

(...)

6.6.

Huurder dient ervoor zorg te dragen dat aan omwonenden geen overlast of hinder wordt veroorzaakt door huurder, huisgenoten, huisdieren of door derden die zich vanwege huurder in het gehuurde of in de gemeenschappelijke ruimten bevinden.

(...)

6.8.

Het is huurder niet toegestaan in het gehuurde hennep te kweken, dan wel andere activiteiten te verrichten die op grond van de Opiumwet strafbaar zijn gesteld.'

e. Naar aanleiding van klachten over stankoverlast heeft de politie, in samenwerking met Allee Wonen, op 10 februari 2009 een inval in de woning van [gedaagde] gedaan, waarbij in verschillende vertrekken in totaal 9 kilo hennep en 2 kilo hasj is aangetroffen. Tevens zijn in de woning van [gedaagde] een ventilator en 19 droogrekken aangetroffen.

f. Bij brief van 10 februari 2009 heeft Allee Wonen [gedaagde] bericht dat zij bij de kantonrechter een verzoek tot ontbinding van de huurovereenkomst zal gaan indienen, maar dat hij in de gelegenheid wordt gesteld om zelf de huur op te zeggen, waardoor de kosten voor hem beperkt blijven. [gedaagde] heeft de huurovereenkomst niet opgezegd.

3.2.

De standpunten van partijen:

3.2.1.

Allee Wonen legt aan haar vorderingen de stelling ten grondslag, dat [gedaagde] heeft gehandeld in strijd met zijn verplichtingen als huurder uit hoofde van de huurovereenkomst en de algemene huurvoorwaarden. Alleen al de aanwezigheid van een hoeveelheid hennep en hasj zoals in de woning aangetroffen, die niet anders dan voor commerciële doeleinden daarin aanwezig geweest kan zijn, rechtvaardigt ontbinding van de huurovereenkomst, aldus Allee Wonen. Mede gezien de overlast en criminele uitstraling daarvan, kan van Allee Wonen in redelijkheid niet gevergd worden de huurovereenkomst met [gedaagde] nog langer voort te zetten. Ook na de inval van de politie op 10 februari 2009 heeft Allee Wonen nog klachten ontvangen over aanhoudende stankoverlast in de vorm van henneplucht. Als gevolg daarvan heeft inmiddels al één omwonende de huurovereenkomst van zijn woning bij Allee Wonen opgezegd.

3.2.2.

[gedaagde] betwist de toepasselijkheid van de algemene huurvoorwaarden, want voor zover hij kan nagaan zaten bij de huurovereenkomst geen algemene voorwaarden. Verder kan hij zich moeilijk voorstellen dat hij heeft gezorgd voor overlast die de normale grenzen van tolerantie te buiten gaat. Hij betwist dan ook dat hij een bron van overlast is geweest voor zijn buren. Voor zover er al sprake was van enige overlast, is dat na de inval van de politie op 10 februari 2009 niet meer aan de orde. Hij gedraagt zich nu als een correct huurder. Hem moet ook de kans worden geboden om zijn leven te beteren. Dit klemt temeer nu de ontbinding van de huurovereenkomst wordt gevraagd, terwijl hij nooit in verzuim is gesteld. Omdat er geen verzuim is, is er ook geen basis voor de ontbinding van de huurovereenkomst, aldus [gedaagde].

3.3.
Allereerst kan in dit geval in het midden blijven of de algemene huurvoorwaarden van toepassing zijn. Want zelfs als [gedaagde] deze niet zou hebben ontvangen – de kantonrechter acht dat overigens niet aannemelijk – dan nog geldt dat [gedaagde] zich op grond van het bepaalde in artikel 7:213 van het Burgerlijk Wetboek (BW) als een goed huurder dient te gedragen. Dit betekent niet alleen dat hij voor de zaak zélf goed moet zorgen, maar óók dat hij jegens de omgeving een zorgplicht heeft.
Uit artikel 6:265 BW vloeit voort dat iedere tekortkoming van de schuldenaar in de nakoming van een van zijn verplichtingen kan leiden tot gehele of gedeeltelijke ontbinding van de overeenkomst, tenzij de tekortkoming, gezien haar bijzondere aard of geringe betekenis, deze ontbinding met haar gevolgen niet rechtvaardigt.
Allee Wonen heeft gesteld dat de enkele aanwezigheid van 9 kilo hennep en 2 kilo hasj in de woning van [gedaagde] al een voldoende reden voor ontbinding is, maar daarin volgt de kantonrechter Allee Wonen niet. Ook al kan Allee Wonen worden toegegeven dat het hier om een aanzienlijke hoeveelheid verdovende middelen gaat, dit enkele feit kan naar het oordeel van de kantonrechter nog niet leiden tot ontbinding van de huurovereenkomst. Het woonrecht van een huurder is een vitaal recht en de kantonrechter vindt dat recht van [gedaagde] in die situatie zwaarder wegen. Wil er dan ook sprake zijn van een ontbinding rechtvaardigende tekortkoming aan de zijde van [gedaagde] dan dienen er in ieder geval bijkomende omstandigheden, zoals handelsactiviteiten, gevaarzetting en/of overlast, aanwezig te zijn. Daarvan is in dit geval sprake. Zo zijn er in de woning van [gedaagde] 19 droogrekken aangetroffen. De aanwezigheid van die droogrekken vormt ten minste een aanwijzing dat in de woning – in strijd met de verplichting van [gedaagde] om deze uitsluitend als woonruimte te gebruiken – ook droogactiviteiten hebben plaatsgevonden. De stelling van [gedaagde] dat hij deze droogrekken alleen maar ongebruikt in zijn woning opgeslagen had, komt de kantonrechter weinig aannemelijk voor. Verder zijn er onmiskenbaar (enige) handelsactiviteiten in/rondom de woning van [gedaagde] en heeft [gedaagde] langere tijd stankoverlast veroorzaakt. Dit blijkt uit de volgende, door Allee Wonen overgelegde processen-verbaal van de politie:

'Op vrijdag 13 februari 2009, omstreeks 13:45 uur, hoorde ik (...) in de woning als getuige een man die opgaf te zijn: (...) U vraagt mij naar mijn buurman op nr 51 (...) Ik denk dat mijn buurman er ongeveer een jaar woont. Al twijfel ik of hij er echt woonde (...) Ik heb gezien dat er regelmatig, niet wekelijks, maar wel regelmatig, ongeveer twee keer per maand, tassen de woning in en uit worden gehaald. Er kwamen dan verschillende mannen en die droegen dan grote tassen de woning uit. Afgelopen zaterdag (7-2-09) heb ik gezien dat er 4 á 5 grote weekendtassen en een koffer het huis in gingen. Ik heb in augustus 2008 al een keer melding gedaan bij de politie. In dat weekend zijn er toen 5 á 6 van die grote weekendtassen uit de woning gehaald. Ik heb ook gezien dat er vaak mensen met dure auto's op de parkeerplaats achter de flat kwamen en dat mijn buurman dan naar beneden ging en in die auto's ging zitten. Ik heb afgelopen zaterdag (7-2-09) heb ik gezien dat er een BMW X5 de parkeerplaats op kwam. Ik zag dat de BMW X5 zilver van kleur was, er een kale man en vrouw in de auto zaten. Opvallend was dat er een brandweer sticker op het raam zat. Ik zag dat mijn buurman achter in de BMW ging zitten en dat er geld werd over gegeven tussen mijn buurman en de mensen in de BMW. Vervolgens zag ik mijn buurman uit de BMW stappen met een grote blauwe Albert Heijn tas en weer naar boven kwam. Ik kon dit allemaal zien omdat ik op de galerij van de flat stond (...) De stankoverlast is al een jaar aan de gang. De stank was niet constant, maar telkens een week of zo. Dan was het daarna weer een tijd minder stank. Dan stond bij de woning van 51 alles open, de ramen. Afgelopen week was het weer erg met de stank. Ik ken die lucht als een wietlucht (...)
Op vrijdag 13 februari 2009, omstreeks 14:00 uur, hoorde ik (...) in de woning als getuige een vrouw die opgaf te zijn: (...) Ik kan de verklaring van mijn vriend bevestigen. Ik heb met betrekking tot de buurman van nr 51 dezelfde constateringen gedaan. Ik heb tevens nog geroken dat bij de berging van nr 51 het ook vaak naar wietlucht rook (...)
Op vrijdag 13 februari 2009, omstreeks 14:25 uur, hoorde ik (...) in de woning als getuige een vrouw die opgaf te zijn: (...) U vraagt mij naar mijn buurman van nummer 51 (...) Ik heb geen idee hoe lang hij daar al woont. Ik heb voor het eerst last gekregen van stank overlast in de zomer van 2008. Toen stonden de deuren en ramen veel open en dan rook ik vaak een sterke hasj lucht. Eerst dacht ik dat er misschien veel geblowd werd, maar de stankoverlast werd steeds erger. Sinds de zomer heb ik eigenlijk een constante overlast van de hasj lucht.

Het was wel met vlagen dat het erger werd en weer wat afnam. Wel was er continu overlast (...) Ik heb ook gezien dat er wel mensen met dure auto's bij hem langs kwamen. Ik heb ook geroken dat er bij de berging waar mijn buurman gebruik van maakt het ook naar hasj rook. Mijn vriend kan u mogelijk meer vertellen. Ik heb de afgelopen tijd heel veel overlast gehad van de stank. Het heeft zelfs geleid tot fysieke klachten. Ik kreeg hoofdpijn en werd misselijk. Deze klachten zijn sinds afgelopen dinsdag 10 februari, nadat jullie bij nummer 51 zijn binnen geweest over (...)
Op zaterdag 14 februari 2009, omstreeks 15:35 uur, hoorde ik (...) via de telefoon als getuige een man die opgaf te zijn: (...) U vraagt mij wat ik u kan vertellen over mijn buurman op nummer 51 (...) Ik kan u vertellen dat ik daar veel overlast van heb gehad. Ik heb het dan over stank overlast. Het gaat dan over een sterke wietlucht. Ik herken die lucht omdat ik zelf vroeger ook wel eens een joint heb gerookt (...) De stank overlast is begonnen in de zomer, maar ik kreeg er pas rond september 2008 echt last van. De afgelopen maanden werd het steeds erger. Er waren vlagen van dat het erger werd en dat het minder werd. De afgelopen week was het op zijn ergst. Ik en mijn vriendin kregen fysieke klachten van die stank. Dit betrof hoofdpijn en misselijk. Sinds jullie in die woning zijn binnen geweest is de stank weg (...)'
De kantonrechter leidt uit de bovenstaande verklaringen af dat de stankoverlast ook van dien aard was dat de directe omwonenden en Allee Wonen deze niet (langer) behoefden te dulden. De tekortkoming uit het verleden is niet ongedaan te maken, zodat niet van belang is dat [gedaagde] stelt dat hij zijn leven na 10 februari 2009 heeft gebeterd, hetgeen Allee Wonen overigens betwist heeft. Ook voorafgaande ingebrekestelling of waarschuwing door Allee Wonen was niet nodig.

3.4.

De conclusie moet luiden, dat de vordering tot ontbinding van de huurovereenkomst moet worden toegewezen. Als de in het ongelijk gestelde partij moet [gedaagde] worden veroordeeld tot betaling van de proceskosten van Allee Wonen.

4. De beslissing

De kantonrechter:

- ontbindt de tussen partijen bestaande huurovereenkomst met betrekking tot de woning met aanhorigheden staande en gelegen te 4811 AR te Breda aan de Meerten Verhoffstraat 51;
- veroordeelt [gedaagde] om gemeld pand binnen 14 dagen na betekening van dit vonnis met alle daarin aanwezige personen en zaken, voor zover deze niet het eigendom zijn van Allee Wonen, te verlaten en te ontruimen en vervolgens verlaten en ontruimd te houden en met afgifte van de sleutels, ter vrije beschikking van Allee Wonen te stellen;
- veroordeelt [gedaagde] in de proceskosten van Allee Wonen, tot deze uitspraak begroot op € 769,25 waaronder 400,- als salaris advocaat;
- verklaart dit vonnis tot zover uitvoerbaar bij voorraad;
- wijst af het meer of anders gevorderde.

Dit vonnis is gewezen door mr. J.L. Sierkstra en is uitgesproken op de openbare terechtzitting van 18 november 2009.

Opdracht

3

a Boven aan de uitspraak ziet u staan LJN: BK4892. Leg uit wat dit betekent.

b Welke onderdelen zijn, volgens u, door de redactie van de *Praktijkgids* aan de uitspraak toegevoegd?

c Wie zijn de partijen in deze procedure?

d Waarom is de kantonrechter absoluut bevoegd om in deze zaak recht te spreken? Motiveer met een wetsartikel.

e Waarom is de kantonrechter in Breda relatief bevoegd om in deze zaak recht te spreken? Motiveer met een wetsartikel.

f Wat is de aanleiding tot de vordering van de eiser?

g Waaruit bestaat de vordering van de eiser?

h Geef in eigen woorden de standpunten van eiser en gedaagde weer.

i De kantonrechter vindt het niet zo belangrijk of de algemene huurvoorwaarden wel of niet zijn verstrekt; gedaagde dient zich volgens de wet immers als een goed huurder te gedragen. Op welk wetsartikel baseert de rechter deze opvatting?

j Vindt de kantonrechter de aanwezigheid van 9 kilo hennep en 2 kilo hasj voldoende reden voor ontbinding van de huurovereenkomst? Motiveer het antwoord.

k Wat is de beslissing van de kantonrechter?

Hoger Beroep

Een zaak in hoger beroep dient voor een van de vijf gerechtshoven. Voor welk gerechtshof het hoger beroep zal dienen heeft te maken met de rechtbank die de zaak in eerste aanleg heeft behandeld. De gerechtshoven oordelen in hoger beroep over daarvoor vatbare vonnissen van de rechtbanken in hun ressort (in hun gebied), zo bepaalt artikel 60 Wet RO.

Opdracht

4 Als er hoger beroep zou worden ingesteld tegen het hiervoor opgenomen vonnis, *PRG* 2010, 13, welk gerechtshof is dan bevoegd?

In hoger beroep vangt een geding aan met een dagvaarding of met een verzoekschrift. Zowel bij een dagvaardingsprocedure als bij een verzoekschriftprocedure heet de partij die in hoger beroep gaat *appellant* en de tegenpartij *geïntimeerde*. De appellant voert één of meer grieven (bezwaren) aan tegen de in eerste aanleg gegeven uitspraak. Het gerechtshof beoordeelt of de grieven al dan niet gegrond zijn. Als de rechter tot de conclusie komt dat de grieven gegrond zijn, dan vernietigt hij de uitspraak van de lagere rechter; de uitspraak van het gerechtshof wordt de nieuwe uitspraak. Als het gerechtshof het met de lagere rechter eens is, dan verwerpt hij het beroep en zal hij de uitspraak van de lagere rechter bekrachtigen.

Als een van de partijen het niet eens is met de uitspraak van het gerechtshof, is het mogelijk om op grond van artikel 78 Wet RO beroep in cassatie in te stellen bij de Hoge Raad.

Beroep in cassatie

In cassatie vangt een geding eveneens aan met een dagvaarding of een verzoekschrift. In een dagvaardingsprocedure heten partijen *eiser in cassatie* en *verweerder in cassatie*, in een verzoekschriftprocedure zijn het *verzoeker tot cassatie* en *verweerder in cassatie*. De Hoge Raad is, zoals reeds is vermeld, geen feitenrechter en zal dus niet, zoals bij de rechtbank en het gerechtshof de zaak nog eens feitelijk onderzoeken. De Hoge Raad dient in de meeste zaken te beoordelen of er sprake is van schending van het recht door de lagere rechters. De cassatierechter bekijkt of de lagere rechters het recht op de juiste manier hebben uitgelegd en toegepast.

De partij die beroep in cassatie instelt, stelt dat de lagere rechter het recht niet juist heeft toegepast. In het cassatiemiddel geeft de eiser of verzoeker gemotiveerd aan waarop hij zijn stelling baseert en vraagt de Hoge Raad om die reden de uitspraak van de lagere rechter te vernietigen (casseren). Een cassatiemiddel bestaat veelal uit meer dan één onderdeel.
Als de Hoge Raad van mening is dat het middel of de middelen niet gegrond zijn, dan wordt het beroep verworpen. Meent de Hoge Raad dat de eiser of verzoeker gelijk heeft, dan wordt de uitspraak van de lagere rechter vernietigd. Als de zaak duidelijk is en er geen nader onderzoek nodig is, doet de Hoge Raad de zaak zelf af in een beslissing ten principale. Mocht de Raad van mening zijn dat er nader feitenonderzoek is vereist, dan zal de zaak worden terugverwezen naar een lagere (feiten)rechter.

In cassatiezaken laat de Hoge Raad zich adviseren door de procureur-generaal (P-G). Hij wordt in zijn taak bijgestaan door de advocaat-generaal (A-G). Het gaat om onafhankelijke adviezen over bij de Hoge Raad aanhangige procedures. De procureur-generaal of advocaat-generaal geeft een advies aan de Hoge Raad voordat deze gaat beslissen. Een advies is niet bindend, dus de Hoge Raad kan anders beslissen zonder daarvoor uitleg te hoeven geven.

Belangrijke uitspraken van de Hoge Raad worden vaak voorzien van een annotatie. Dit is een noot onder een arrest. Een ervaren jurist is annotator bij een jurisprudentietijdschrift van een uitgever en voorziet belangrijke arresten van een toelichting, samenhang en commentaar. In een noot worden de feiten voorafgaande aan de uitspraak samengevat, de rechtsvraag besproken, verwijzingen naar literatuur opgenomen en het belang van het arrest voor de rechtsontwikkeling aangegeven.

Huidige opbouw van een arrest

Sinds 1982 volgt de Hoge Raad een vast patroon in zijn (civielrechtelijke) arresten, bestaande uit vier onderdelen:

1 *Het geding in feitelijke instanties*: De rol van partijen en beslissingen van lagere rechters in de voorgaande procedures worden hierin samengevat.
2 *Het geding in cassatie*: Hierin wordt kort aangegeven wat er tot nu toe in de cassatieprocedure is gebeurd.
3 *Beoordeling van het middel*: Dit gedeelte bevat de rechtsoverwegingen waarin de Hoge Raad het cassatiemiddel beoordeelt. Essentiële onderdelen van de uitspraken van de lagere rechters worden vermeld. Vervolgens komt het standpunt van de Hoge Raad over de rechtsvraag naar voren. Uiteindelijk komt de Raad tot zijn conclusie ten aanzien van het cassatiemiddel: het middel (of een onderdeel ervan) 'faalt' of 'treft doel'.
4 *Beslissing*: Hierin doet de Hoge Raad uitspraak (het dictum). De Hoge Raad 'verwerpt het beroep' of 'vernietigt' de bestreden uitspraak. In het laatste geval doet de Raad de zaak zelf af ten principale of verwijst de zaak naar een lagere (feiten)rechter. Ook de beslissing over de proceskosten is hierbij te vinden.

De hiervoor genoemde onderdelen vormen het 'eigenlijke arrest' van de Hoge Raad. Aan dit arrest, zoals te vinden op Rechtspraak.nl of in diverse jurisprudentietijdschriften en juridische databanken zijn onderdelen toegevoegd. Bij de niet bewerkte uitspraken op Rechtspraak.nl is ten minste de conclusie van de P-G of A-G aan het arrest toegevoegd. Bij bewerkte uitspraken in een jurisprudentietijdschrift kunt u bovendien nog een samenvatting, trefwoorden, wetsartikelen en een noot aantreffen.

6.4 Waar te beginnen met het lezen van een arrest van de Hoge Raad?

Het lezen van een arrest van de Hoge Raad is een stuk ingewikkelder dan het lezen van een vonnis. Dit heeft te maken met het feit dat voordat de zaak bij de Hoge Raad komt, er al procedures bij lagere rechters zijn gevoerd. Bovendien is de beoordeling van de Hoge Raad gebaseerd op het juist toepassen en uitleggen van het recht in plaats van het beoordelen van feiten.

Voor het lezen van een arrest wordt hier uitgegaan van een arrest dat is gepubliceerd in een jurisprudentietijdschrift; het gaat dus om een bewerkte uitspraak. Om u een houvast te geven bij het lezen van een arrest, adviseren wij u om onderstaande volgorde aan te houden.

1 *Samenvatting*: U begint met het lezen van de Samenvatting om een eerste indruk te krijgen waar het arrest over gaat.
2 *Het eigenlijke arrest van de Hoge Raad*: Vervolgens leest u het eigenlijke arrest van de Hoge Raad bestaande uit de hiervoor genoemde vier onderdelen. Begin met het geding in feitelijke instanties. Dit onderdeel geeft u inzicht in de rol van de partijen in de diverse procedures, eerste aanleg, hoger beroep en cassatie en in het verloop van de procedures.
3 *Conclusie van de P-G of A-G en de noot onder het arrest*: U kunt de conclusie en/of de noot erbij lezen om een beter begrip te krijgen van de uitspraak. De conclusie bevat een overzicht van de zaak, soms onderverdeeld in kopjes, zoals Feiten, Procesverloop enzovoort. Aan het eind van de conclusie staat het advies van de P-G of A-G aan de Hoge Raad. Dit kan zijn: 'De conclusie strekt tot verwerping van het beroep' of 'De conclusie strekt tot vernietiging van het bestreden arrest' of 'De conclusie strekt tot vernietiging en verwijzing'.

Om u te oefenen in het lezen van een arrest, volgt hieronder een uitspraak van de Hoge Raad in een cassatieprocedure. De uitspraak is gepubliceerd op Rechtspraak.nl, onder nummer *LJN* BF0003, in het jurisprudentietijdschrift *Nederlandse Jurisprudentie,* onder nummer *NJ* 2009, 335 en in het jurisprudentietijdschrift *Jurisprudentie Aansprakelijkheid*, onder nummer *JA* 2009, 94. Omdat laatstgenoemde publicatie is voorzien van een noot, is ervoor gekozen om deze als oefenopdracht op te nemen.

JA 2009/94

Hoge Raad 20 februari 2009, 07/11410; LJN BF0003.
(Mr. Fleers
Mr. Van Buchem-Spapens
Mr. Van Oven
Mr. Bakels
Mr. Streefkerk)
(Concl. A-G Spier)

X te Roermond,
eiser tot cassatie,
advocaat: mr. K. Teuben,
tegen
Y te Roermond,
verweerster in cassatie,
advocaat: aanvankelijk mr. S.F. Sagel, thans mr. R.A.A. Duk.
Partijen zullen hierna ook worden aangeduid als X en Y.

Werkgeversaansprakelijkheid voor ongeval bij in- en uitstappen van bestelwagen op vervuild benzinestation

[BW Boek 7 - 611; 658]

» Samenvatting

Na het tanken van diesel voor zijn bestelwagen gaat chauffeur X op weg naar Frankrijk. Nog op het terrein van het tankstation vraagt hij zich af of hij de tankdop goed heeft teruggeplaatst. Bij het uitstappen om dit te controleren, glijdt hij uit op de treeplank van zijn bestelwagen en komt ten val. Hierbij breekt hij zijn linkerpols. Hij dagvaardt zijn werkgever (Y) tot vergoeding van de met het ongeval gemoeide letselschade. Het benzinestation was volgens X zó met olie en smurrie vervuild dat Y als werkgever aanspreekbaar was voor het als gevolg daarvan opgelopen letsel.

De vordering strandt in alle instanties. Wat de Hoge Raad betreft op het volgens hem niet onbegrijpelijke oordeel van het hof dat de gestelde gevaarzetting in de vorm van vervuiling te beperkt was, mede in aanmerking genomen dat X als beroepschauffeur op de hoogte was van de gevaren van het knoeien van diesel, het van algemene bekendheid is dat er diesel wordt geknoeid op tankstations, X de situatie ter plaatse kende en – ten slotte – dat X niet onder een strikte opdracht stond om juist op het betreffende terrein te tanken, ook al had dit de voorkeur van Y.

De conclusie van de A-G – mr. Spier – strekte tot vernietiging van de uitspraak van het hof.

» Uitspraak

Conclusie Advocaat-Generaal

(mr. Spier)

1. Feiten

1.1. Blijkens rov. 4.1 van het in cassatie bestreden arrest van het Hof 's-Hertogenbosch gaat het in deze zaak om het volgende.
1.2. X was vanaf 1 augustus 2001voor de duur van 12 maanden in dienst bij Y. Op 21 oktober 2001 is hij in opdracht van Y omstreeks 9.30 uur met een bestelbus op weg gegaan om goederen af te leveren in Frankrijk.
1.3. Toen X kort na vertrek ontdekte dat de benzinetank nog maar voor een kwart was gevuld, is hij naar het onbemande tankstation Vollenhoven gereden om aldaar te tanken. Hij is na het tanken bij het tankstation weggereden – hij was pas enkele meters onderweg – en is vervolgens gestopt om te controleren of hij de tankdop had teruggeplaatst. Toen hij bij het uitstappen zijn voet op de treeplank van de bestelauto zette, is hij uitgegleden en ten val gekomen.
1.4. Bij deze val heeft X letsel opgelopen dat een medische operatie noodzakelijk maakte. Tot 10 juni 2002 was hij volledig arbeidsongeschikt; nadien heeft hij, na enige aanpassing van de arbeidsomstandigheden, het werk ten dele hervat.

2. Procesverloop

2.1. X heeft Y op 14 november 2002 gedagvaard voor de Kantonrechter Roermond en gevorderd voor recht te verklaren dat Y aansprakelijk is voor de schade die hij als gevolg van het ongeval lijdt. Voorts heeft hij gevorderd Y te veroordelen tot een nader bij staat op te maken schadevergoeding. Deze vordering heeft hij (bij cvr) gebaseerd op het uitglijden in een plas olie bij een van de tankzuilen.
2.2. Y heeft ten verwere aangevoerd dat het ongeval heeft plaatsgevonden in de privé-sfeer en dus niet valt binnen het bereik van art. 7:658 BW. Zij is niet verantwoordelijk voor de situatie op het tankstation en was daarvan ook niet op de hoogte. Het tankstation was trouwens normaal schoongemaakt; bij cvd onder 2 wijzigt zij deze stelling aldus dat wordt aangevoerd dat "bij het oprijden van de tankplaats duidelijk was dat het tankstation smerig was". Zij wijst er nog op een collectieve ongevallenverzekering te hebben afgesloten met een dekking van *f* 100.000,=.
2.3. Bij vonnis van 26 augustus 2003 heeft de Kantonrechter de vordering afgewezen. Na eerst de toedracht te hebben geschetst (in essentie overeenkomstig hetgeen onder 1.3 werd vermeld) wordt overwogen dat van een mogelijkheid voor Y om invloed uit te oefenen op de omstandigheden op en rondom het tankstation niet is gebleken en dat X bovendien kon kiezen uit vijf verschillende tankpassen die hij naar eigen keuze in zowel binnen- als buitenland kon gebruiken.
2.4.1. X heeft tegen dit vonnis hoger beroep ingesteld. Y heeft de bestreden uitspraak verdedigd.
2.4.2. Bij pleidooi in appèl heeft X zich beroepen op getuigenverklaringen afgelegd in zijn procedure tegen Vollenhoven (slechts te vinden in het B-dossier). Bij die gelegenheid schildert hij de volgende toedracht: Y heeft de bij haar werkzame vrachtwagenchauffeurs (onder wie X) uit kostenoverwegingen opgedragen bij Vollenhoven te tanken. Het tankstation was "buitengewoon smerig en vervuild"; men moest erg uitkijken om geen olie aan de voeten te krijgen. Bij het wegrijden rinkelde de telefoon. Hij "werkte het telefoongesprek af en keek bij die gelegenheid of hij de tankdop er wel op had geschroefd. Om dat te controleren opende hij het portier, draaide zijn lichaam een kwart slag teneinde op de treeplank van de auto te gaan staan. X stond met zijn voeten op de treeplank

en gleed uit op zijn door olie spiegelglad geworden schoenzolen." Na de val keek hij onder zijn schoenen en zag dat deze aan beide zolen volledig met een dikke laag olie of smurrie bedekt waren (pleitnota mr Delescen onder 2). Sprake was van "een bijzonder gevaarzettende situatie" (idem onder 3). Y is verschillende keren op deze vervuiling geattendeerd, maar heeft hiertegen niets ondernomen. Desondanks moesten vrachtautochauffeurs bij dit tankstation blijven tanken vanwege de financiële voordelen voor Y.

2.5.1. In zijn arrest van 5 juni 2007 heeft het Hof het bestreden vonnis bekrachtigd. Na de weergave van de wederzijdse stellingen (rov. 4.2, 4.3, 4.5 en 4.6) en na voorop te hebben gesteld dat art. 7:658 BW ziet op toerekenbare tekortkoming in de zorgplicht (rov. 4.7.1) wordt overwogen:

"4.7.2. Het hof overweegt verder dat dit uitgangspunt met zich brengt dat niet alleen de aard van de werkzaamheden en het daarmee samenhangende gevaarsrisico mede bepalend zijn voor het antwoord op de vraag welke maatregelen van een werkgever kunnen worden gevergd maar evenzeer of de werkgever op die werkomstandigheden redelijkerwijs enige invloed uit kan oefenen. Zo zal in het algemeen de invloed van een werkgever ingeval moet worden deelgenomen aan het intrinsiek gevaarlijke verkeer zich beperken tot het ter beschikking stellen van een veilige auto. In dit geval betreft het een ongeluk van een chauffeur, die in het kader van zijn werkzaamheden brandstof tankt en nadien (al dan niet door de aanwezigheid van een plas olie) komt te vallen. In het algemeen kan het tanken op een benzinestation niet worden aangemerkt als een gevaarlijke bezigheid waarvoor extra moet worden gewaarschuwd. Een dergelijke bezigheid hoe zeer ook noodzakelijk om aan het verkeer te kunnen blijven deelnemen, valt uiteraard niet op één lijn te stellen met de deelname aan het verkeer zelf. Reeds om die reden gaat de vergelijking met de gevallen, die berecht zijn door de Hoge Raad en de Centrale Raad van Beroep en waarop X een beroep heeft gedaan, niet op. Een beroepschauffeur zal met grote regelmaat tanken en het valt niet in te zien welke zorgverplichting in de zin van artikel 7:658 BW daaruit voor een werkgever voortvloeit. Zeker heeft dat niet te gelden voor de vraag of de vloer op en rond een tankstation ordentelijk is opgeruimd. Dat kan redelijkerwijs niet tot de verantwoordelijkheid van een werkgever gerekend worden, zelfs indien moet worden aangenomen dat de werkgever een advies zou hebben gegeven bij voorkeur in voorkomende gevallen daar te tanken.

4.7.3. Hoewel derhalve de daarop gerichte grieven niet slagen stelt het hof vast dat bij gelegenheid van het schriftelijk pleidooi X onder punt 3 en 4 van de pleitnota nog een nieuwe grief heeft geformuleerd. X heeft gesteld dat de kantonrechter ten onrechte heeft geoordeeld dat Y geen enkele invloed kon uitoefenen op de omstandigheden in en rond het tankstation van Vollenhoven in Herkenbosch. Daartoe heeft hij betoogd dat Y op de hoogte was van de veelvuldige vervuiling van het terrein rondom het tankstation, doch niettemin opdracht gaf om daar te tanken en verder geen toezicht hield op deze gevaarzettende situatie. X stelt dat Y haar zorgplicht heeft geschonden doordat Y X de opdracht heeft gegeven dat uitsluitend bij Vollenhoven mocht worden getankt, dat terwijl Y op de hoogte was van de gevaarlijkheid van deze tankplaats vanwege regelmatige forse olievervuiling. Immers in die omstandigheden ligt het in de macht van de werkgever om aan deze situatie een einde te maken door de opdracht om aldaar te gaan tanken in te trekken. Dat standpunt van X wijkt af van zijn in de memorie van grieven meer algemeen geformuleerde grief dat voor het aannemen van een schending van de zorgplicht als bedoeld in artikel 7:658 BW het er niet toe doet of Y invloed kon uitoefenen op de situatie bij Vollenhoven. Ter ondersteuning van dit betoog heeft X zich beroepen op (gedeeltes van) verklaringen van een aantal personen, die als getuigen zijn gehoord in de procedure die hij heeft aangespannen tegen Vollenhoven.
Y heeft betwist dat er een opdracht was om te tanken bij Vollenhoven, voorts heeft zij erop gewezen dat X al jaren op dat tankstation kwam en derhalve de situatie kende, zodat extra voorzichtigheid was geboden. Zij heeft verder het integrale proces-verbaal van die getuigenverhoren overgelegd.
4.7.4. Hoewel deze grief eerst bij pleidooi is geformuleerd, zal het hof de grief niettemin in zijn oordeel betrekken nu uit de stellingname van Y bij het schriftelijke pleidooi kan worden afgeleid dat zij feitelijk op het in deze grief neergelegde verwijt is ingegaan, zodat zij in haar processueel belang redelijkerwijs niet is geschaad.

***[1]

2.5.2. In rov. 4.7.6 staat het Hof nog stil bij eventuele aansprakelijkheid op grond van art. 7:611 BW voor zover de grieven daarop zien. Zijns inziens rustte

1 De drie asterisken duiden aan dat een gedeelte van de tekst is weggelaten door de auteur. Zie voor de volledige tekst *JA* 2009, 94.

op Y geen verdergaande verplichting dan het afsluiten van de verzekering die krachtens de cao is afgesloten. Het Hof wijst er daarbij op dat het in casu niet gaat om "een deelname aan het verkeer ook in de ruime zin van het woord".
2.6. X heeft tijdig beroep in cassatie ingesteld. Y heeft het beroep bestreden. Partijen hebben hun standpunten schriftelijk toegelicht. Vervolgens is nog gere- en gedupliceerd.

3. Inleiding

***
3.5.2. Niet uit de verf komt wat het Hof verstaat onder "de minder schone omstandigheden"; ook niet wat "niet doorlopend een toonbeeld van properheid" betekent, terwijl ongewis is of het Hof met beide hetzelfde tot uitdrukking wil brengen. Ook de bouwstenen waarop deze weinig heldere oordelen kennelijk zijn gegrond, munten uit door vaagheid en onbepaaldheid. Zo noemt het Hof de verklaring van Van Os, maar mij is niet duidelijk welke conclusie het Hof daaruit precies trekt en voor zover het deze slechts gedeeltelijk als juist aanvaard (wat het geval lijkt te zijn) rijst de (in het arrest onbeantwoorde) vraag waarom dat zo is. Onduidelijk is voorts waarmee de werkgever op de hoogte was (andermaal: wat bedoelt het Hof met "de minder schone omstandigheden van dat tankstation"?). Voor zover het Hof mocht menen dat de werkgever de werkomstandigheden zodanig achtte dat personenauto's en personenbussen er niet meer mochten tanken, rijst de (evenmin beantwoorde) vraag waarom andere chauffeurs dat nog wel mochten en waarom de aandrang van Y om dat laatste te doen niet onzorgvuldig was; immers ligt minder voor de hand dat Y, in het licht van de omstandigheid dat tanken bij het litigieuze tankstation voor haar voordeel opleverde, zo'n instructie zonder klemmende grond voor personenauto's zou hebben gegeven. Hoe dat zij: is het ontbreken van een instructie voor chauffeurs als X, in 's Hofs visie, gelegen in de (beperkte?) omvang van het gevaar of in de van deze chauffeurs te vergen oplettendheid? In dat laatste geval lijkt toch van belang om welke mate van "knoeien met diesel bij aftanken" het in casu ging; daaromtrent wordt evenwel niets overwogen.
***

4. Bespreking van de resterende klachten

***

4.8. Het onderdeel behelst nog een aantal klachten rond het thema dat onjuist is 's Hofs oordeel dat – kort gezegd – X zelf beter had moeten uitkijken.
4.9.1. Er zijn inderdaad aanwijzingen dat het Hof de onder 4.8 genoemde factor van belang heeft geacht. Op zich is dat niet geheel onjuist. Werkgevers behoeven niet voor ieder gevaar te waarschuwen ongeacht de omvang, de kans dat het zich verwezenlijkt en de mogelijke gevolgen bij verwezenlijking. Zo zal hij in het algemeen niet behoeven te waarschuwen dat werknemers op de zitting van een stoel moeten plaatsnemen, niet tegen glazen ramen moeten leunen en niet hun hand tussen een deuropening moeten steken. Anderzijds is een hoog veiligheidsniveau uitgangspunt en zullen daarbij passende zinvolle waarschuwingen, instructies etq moeten worden gegeven. Wat dat in concreto betekent, laat zich niet in algemene gemakkelijk toepasbare regels vangen.
4.9.2. Bij de in een concreet geval uit te voeren toetsing zal de rechter in aanmerking moeten nemen dat werknemers niet steeds de wenselijke voorzichtigheid betrachten.
***

Baron Von Münchhausen en de geest uit de fles. De prijs van een stoutmoedige rechtsontwikkeling

4.15.1. De meer gangbare opvatting is dat voor aansprakelijkheid krachtens de artikelen 7:611 en 7:658 BW naast elkaar geen plaats is. Die opvatting is in elk geval in zoverre juist dat zo'n aansprakelijkheid niet op basis van hetzelfde feitencomplex en dezelfde gedraging kan worden gebaseerd. Dat ligt ook voor de hand nu de rechtsgevolgen van beide aansprakelijkheden niet hetzelfde (behoeven te) zijn.
4.15.2. Toegepast op de onderhavige zaak: de stelling dat de werkgever niet de instructie had mogen geven om bij Vollenhoven te tanken, dan wel dat juist had moeten verbieden, wordt geregeerd door art. 7:658 BW en niet door art. 7:611 BW. De (niet betrokken) stelling dat de werkgever een behoorlijke verzekering had moeten sluiten voor schade als de onderhavige – vanwege de directe relatie met deelname aan het verkeer – wordt louter door art. 7:611 BW beheerst.

4.16. In een reeks arresten heeft Uw Raad van lieverlede aangegeven dat en in welke gevallen art. 7:611 BW soelaas kan bieden voor – kort gezegd – schade opgelopen in verband met het werk. Hier zijn met name de belangrijke arresten van 1 februari van dit jaar van belang. In beide gevallen ging het om schade door de werknemer opgelopen als bestuurder van een motorrijtuig. In een latere conclusie heb ik aangegeven dat en waarom m.i. geen grond bestaat om deze aansprakelijkheid te beperken tot deze situaties. Ook andere "verkeers-gerelateerde" gevallen zouden er m.i. onder moeten vallen en eveneens daarvan moeilijk te onderscheiden situaties.

***

4.21. Ik keer mij nog eenmaal af van de toekomst en richt de blik op oude zaken. In de al vaker genoemde 1 februari-arresten spelen de verzekeringsmogelijkheden die ten tijde van een schadegebeurtenis bestonden een belangrijke rol (er komt "in het bijzonder betekenis" aan toe). Tegen de achtergrond van het KLM-arrest denk ik dat deze mogelijkheid buiten het eigenlijke verkeer (waar die grens ook moge liggen) *niet zonder meer beslissend is.* Over dit alles valt veel meer te zeggen, maar ik zou dan vér buiten het summiere debat in deze zaak treden. Ik bewaar dat alles tot een zaak waarin deze kwestie uitdrukkelijk aan de orde wordt gesteld.

4.22. In de onderhavige zaak komen we aan de voorafgaande bespiegelingen m.i. niet toe nu de vordering, zoals al vaker gezegd, niet (mede) op art. 7:611 BW was gebaseerd én omdat's Hofs oordeel daaromtrent ten overvloede is gegeven.

4.23. Voor zover de verwijzingsrechter (na eventuele vernietiging door Uw Raad) tot het oordeel zou komen dat Y aansprakelijk is op de voet van art. 7:658 BW, is bespreking van eventuele aansprakelijkheid krachtens art. 7:611 BW hoe dan ook overbodig omdat X daarbij dan belang mist. Immers gaat eerstbedoelde aansprakelijkheid om een aantal redenen verder dan laatstbedoelde.

***

Conclusie

Deze conclusie strekt tot vernietiging van het bestreden arrest.

Hoge Raad

1. Het geding in feitelijke instanties

X heeft bij exploot van 14 november 2002 Y gedagvaard voor de rechtbank Roermond, sector kanton, en gevorderd, kort gezegd, te bepalen dat Y aansprakelijk is voor alle schade voortvloeiende uit het ongeval dat hem in de uitoefening van zijn dienstverband op of omstreeks 21 oktober 2001 is overkomen en te bepalen dat Y aan X dient te betalen een bedrag ter zake van materiële en immateriële schadevergoeding, nader op te maken bij staat.

Y heeft de vordering bestreden.

Na mondelinge behandeling heeft de kantonrechter bij eindvonnis van 26 augustus 2003 de vordering afgewezen.

Tegen dit vonnis heeft X hoger beroep ingesteld bij het gerechtshof te 's-Hertogenboch.

Bij arrest van 5 juni 2007 heeft het hof het vonnis van de kantonrechter bekrachtigd.

(...; *red.*)

2. Het geding in cassatie

(...; *red.*)

3. Beoordeling van het middel

3.1. In cassatie kan van het volgende worden uitgegaan.

i. X was vanaf 1 augustus 2001 als chauffeur in dienst van Y. Hij is op 21 oktober 2001 in opdracht van Y met een bestelwagen goederen gaan afleveren in Valintigney (Frankrijk).
ii. Kort na zijn vertrek ontdekte X dat de tank van de bestelwagen nog maar voor ongeveer een kwart was gevuld met diesel. Hij besloot te gaan tanken bij het onbemande tankstation Vollenhoven te Herkenbosch.
iii. Nadat X de bestelwagen had afgetankt, heeft hij een telefoontje afgewerkt. Vervolgens is hij weggereden, maar omdat hij niet zeker ervan was dat hij de tankdop had teruggeplaatst, is hij na enkele meters weer gestopt om dit te controleren.
iv. Toen X uit de bestelwagen wilde stappen, is hij op de treeplank uitgegleden en ten val gekomen. Dientengevolge heeft hij zijn linkerpols gebroken.
v. Tot 10 juni 2002 was X volledig arbeidsongeschikt. Nadien heeft hij gedeeltelijk het werk hervat met enige aanpassingen van de werkomstandigheden. Hij ondervindt nog steeds beperkingen ten gevolge van het ongeval.
3.2.1. X heeft gevorderd Y te veroordelen tot vergoeding van de schade die hij ten gevolge van het ongeval heeft geleden. Hij baseerde zijn vordering primair op art. 7:658 en subsidiair op art. 7:611 BW. Hij heeft aangevoerd dat hij in de uitoefening van zijn werkzaamheden is uitgegleden doordat, op het sterk vervuilde tankstation van Vollenhoven, tijdens het tanken olie aan de zolen van zijn schoenen is gekleefd. Hij heeft voorts gesteld dat Y haar vrachtwagens en bestelauto's bij voorkeur bij dit tankstation liet tanken, hoewel zij op de hoogte was van de vervuiling, en daartegen geen enkele maatregel heeft genomen.
3.2.2. De kantonrechter heeft de vordering afgewezen. Het hof heeft dit vonnis bekrachtigd. In hoger beroep heeft X aangevoerd dat de kantonrechter ten onrechte heeft geoordeeld dat Y geen enkele invloed kon uitoefenen op de toestand waarin het tankstation verkeerde. Daartoe betoogde hij dat Y X opdracht heeft gegeven uitsluitend bij Vollenhoven te tanken, terwijl zij op de hoogte was van de gevaarlijkheid van deze tankplaats vanwege regelmatige forse olievervuiling, en dat zij daardoor haar zorgplicht heeft geschonden, nu het immers in haar macht lag om aan deze situatie een einde te maken door de

opdracht om daar te tanken in te trekken. Ter ondersteuning van dit betoog heeft X zich beroepen op verklaringen van personen die als getuigen zijn gehoord in een door hem tegen Vollenhoven aangespannen procedure. Y heeft betwist dat er een opdracht was om te tanken bij Vollenhoven en voorts erop gewezen dat X al jaren in dat tankstation kwam en derhalve de situatie kende, zodat extra voorzichtigheid was geboden. Dienaangaande overwoog het hof:
"4.7.5. Het hof stelt vast dat, hoewel de hiervoor genoemde getuigenverklaringen in hun strekking bepaald niet eenduidig genoemd kunnen worden, in ieder geval kan worden vastgesteld dat het verder onbemande tankstation van Vollenhoven nu bepaald niet doorlopend een toonbeeld van properheid was te noemen. Met name de eigen wagenparkbeheerder van Y, Van Os, spreekt over een ronduit vuil en onverzorgd pompstation. Zodanig vuil zelfs dat Y op enig moment heeft besloten de personenauto's en de personenbussen elders te laten tanken. Alleen de vrachtwagens bleven diesel tanken vanwege het financieel voordeel. Hij verklaart verder dat hij ook zelf zo nu en dan plassen met olie heeft zien liggen. Een soortgelijke verklaring is afgelegd door een collega van X bij Y (...). Aldus is voldoende aannemelijk dat de chauffeurs van Y voor zover het vrachtwagens/bestelauto's betrof in het algemeen zoveel mogelijk dienden te tanken bij Vollenhoven in Herkenbosch en dat Y op de hoogte was van de minder schone omstandigheden van dat tankstation. Daarover zijn ook regelmatig klachten geuit bij Vollenhoven, doch kennelijk zonder al te veel resultaat. Niettemin dient de vraag te worden gesteld en beantwoord of die omstandigheden, die Y kende, aanleiding hadden dienen te zijn voor Y om chauffeurs zoals X daar niet meer te laten tanken op straffe van het schenden van de zorgplicht als werkgever. Naar het oordeel van het hof is dat niet het geval. X is een ervaren beroepschauffeur, die redelijkerwijs op de hoogte kan zijn van de gevolgen van het knoeien met diesel bij het aftanken van vrachtauto's. Dat er met enige regelmaat geknoeid wordt op tankstations is van algemene bekendheid, zodat de aanwezigheid van diesel op de vloer van het tankstation niet als een verrassing kan worden aangemerkt. X kende voorts de situatie ter plaatse en onder die omstandigheden mocht van hem de vereiste voorzichtigheid worden verlangd en kon het afglijden van een treeplank doordat zich een vettige substantie onder een schoenzool bevond veeleer verklaard worden door eigen onoplettendheid. Daaraan doet niet af dat Y de mogelijkheid had om door een instructie zoveel mogelijk te voorkomen dat haar chauffeurs nog op het

betreffende tankstation brandstof zouden innemen, nu die enkele mogelijkheid om aldus enige invloed uit te oefenen op de omstandigheden op en rond het betreffende tankstation op zich onvoldoende is om aansprakelijkheid aan te nemen voor de gevolgen van de val van X. Daartoe is de gestelde gevaarzetting te beperkt van omvang te achten, nog daargelaten dat X indien hij de situatie op dat moment te smerig vond om te tanken, hij de mogelijkheid had om ook elders in de buurt brandstof te tanken. Daaraan doet niet af dat Y kennelijk de chauffeurs van vrachtwagens en bestelauto's bij voorkeur bij dit tankstation diesel liet tanken. Van een opdracht om daar onder alle omstandigheden te tanken is niet gebleken en X heeft daartoe overigens ook geen bewijs aangeboden. Een schending van de zorgplicht als bedoeld in artikel 7:658 BW valt onder deze omstandigheden derhalve niet aan te nemen."

3.3. Onderdeel 1 van het middel is in de schriftelijke toelichting ingetrokken. Het behoeft derhalve geen behandeling.

3.4. Onderdeel 2 keert zich met rechts- en motiveringsklachten tegen (onder meer) de bovenaangehaalde rov. 4.7.5. Het onderdeel neemt terecht tot uitgangspunt dat op de voet van art. 7:658 BW op de werkgever ook een zorgplicht kan rusten ten opzichte van de werknemer voor zover deze in de uitoefening van zijn werkzaamheden op plaatsen komt die niet kunnen worden aangemerkt als "arbeidsplaats" in de zin van art. 1 lid 3, aanhef en onder g, Arbeidsomstandighedenwet (bijvoorbeeld omdat de werkgever ter plaatse geen enkele zeggenschap heeft ten aanzien van de gesteldheid, de inrichting, het gebruik door anderen en de veiligheid) (HR 12 december 2008, nr. C07/121, LJN BD3129).

3.5. Uit het bestreden oordeel valt niet af te leiden dat het hof op dit punt van een andere rechtsopvatting is uitgegaan. X heeft de primaire grondslag van zijn vordering met name erop gebaseerd, samengevat weergegeven, dat het onbemande tankstation van Vollenhoven door gemorste diesel herhaaldelijk zo onverzorgd en vuil was, dat het gevaarlijk was vanwege het risico ten val te komen, zodat Y – die van deze omstandigheden op de hoogte was – haar werknemers niet (langer) aan dit risico mocht blootstellen. Het hof heeft echter dienaangaande slechts vastgesteld dat (Y wist dat) het tankstation "nu bepaald niet doorlopend een toonbeeld van properheid was te noemen" en dat sprake was van "minder schone omstandigheden". Deze – overigens geenszins onbegrijpelijke – oordelen zijn in cassatie onbestreden gebleven. Het hof heeft voorts in aanmerking genomen dat

- X een ervaren beroepschauffeur is die redelijkerwijs op de hoogte kan zijn van de gevolgen van het knoeien met diesel bij tanken,
- van algemene bekendheid is dat met enige regelmaat wordt geknoeid op tankstations,
- X de situatie ter plaatse kende,
- van een opdracht om aldaar te tanken geen sprake was, al is het wel zo dat Y haar chauffeurs bij voorkeur bij het tankstation van Vollenhoven liet tanken.

Het oordeel van het hof dat Y, door onder deze omstandigheden haar chauffeurs niet te verbieden nog langer te tanken bij het tankstation van Vollenhoven, geen zorgplicht heeft geschonden tegenover X omdat de gestelde gevaarzetting daartoe te beperkt is, geeft niet blijk van een onjuiste rechtsopvatting. Het is evenmin onbegrijpelijk gemotiveerd. In zoverre faalt het onderdeel dus.

3.6. De overige klachten van onderdeel 2 kunnen evenmin tot cassatie leiden; hetzelfde geldt voor onderdeel 3. Zulks behoeft, gezien art. 81 RO, geen nadere motivering nu de klachten niet nopen tot beantwoording van rechtsvragen in het belang van de rechtseenheid of de rechtsontwikkeling.

4. Beslissing

De Hoge Raad:

verwerpt het beroep;

veroordeelt X in de kosten van het geding in cassatie, tot op deze uitspraak aan de zijde van Y begroot op € 371,34 aan verschotten en € 2.200,= voor salaris.

» Noot

Iemand glijdt uit op de opstap van zijn bestelwagen, komt ten val en breekt een pols. Zijn schoenen waren vies en glad geworden op een tankstation, omdat de ondergrond daarvan vervuild was met vettige smerigheid. Men kan zich voorstellen dat de eigenaar van het vervuilde terrein hiervoor aansprakelijk is. Een

ongeval op een commercieel geëxploiteerd terrein dat zo vies en vervuild is dat daardoor dat ongeval verklaard kan worden, leidt allicht tot aansprakelijkheid van de eigenaar of beheerder. Die aansprakelijkheid was in deze zaak echter niet in het geding. Het was er eiser om te doen dat de eigen werkgever voor de schade zou opkomen, hoewel het ongeval niet had plaatsgevonden op een plek waar die werkgever zeggenschap over had.
Dat is een moeizaam uitgangspunt voor een procedure, ofschoon de aansprakelijkheid van de werkgever voor een veilige arbeidsplek zich ongetwijfeld verder uitstrekt dan de door hem zelf beheerde "arbeidsplaats". In de rechtspraak zijn daar genoeg voorbeelden van (bijv. HR 19 oktober 2001, NJ 2001/663). Wat het moeizaam maakt, is het onwaarschijnlijke verband tussen de gestelde tekortkoming in de vorm van gladheid van een openbaar toegankelijke plaats en wat de werkgever daartegen had kunnen en moeten ondernemen.
De werknemer had betoogd dat zijn werkgever haar vracht- en bestelauto's bij voorkeur op dit station liet tanken, terwijl hij, de werkgever, bekend was met de vervuiling. In hoger beroep stelde eiser het scherper door te betogen dat uitsluitend op het vieze station mocht worden getankt en dat de werkgever op de hoogte was van gevaarzetting door glibberige vervuiling. Het hof achtte bewezen dat het terrein "minder schoon" was en dat de werkgever dat wist, maar vond niet dat dit hem had moeten nopen zijn chauffeurs daar niet meer te laten tanken. Het hof vond niet bewezen dat sprake was (geweest) van een opdracht om onder alle omstandigheden op het vervuilde terrein te tanken. Ten nadele van eiser werd ten slotte overwogen dat het een feit van algemene bekendheid is dat er regelmatig op tankstations wordt geknoeid, dat eiser de situatie kende en dat het ongeval veeleer verklaard kon worden door eigen onoplettendheid.
De Hoge Raad sloot zich hierbij aan en casseerde niet, in weerwil van de conclusie van Spier, die meende dat het hof niet uit de verf had laten komen waarom het – kort gezegd – de mate van gevaarzetting te gering achtte om daaraan een gerichte instructieverplichting van de werkgever te koppelen.
Het arrest beperkt zich tot een uitleg van art. 7:658 BW. Hoewel eiser blijkens de inleiding tot het arrest subsidiair een beroep had gedaan op art. 7:611 BW – goed werkgeverschap, het "vangnet" naast en onder 7:658 BW – speelt dit in cassatie geen rol, mede omdat deze grondslag in feitelijke instanties niet was uitgewerkt. Dat gebrek aan uitwerking laat zich verklaren door het feit dat het ongeval zich niet binnen het verkeer had afgespeeld en dat gedaagde, zo

te zien onweersproken, had gesteld dat aanspraak bestond op een collectieve ongevallenverzekering met een dekking van *ƒ* 100.000,=. De ook recent op het gebied van art. 7:611 BW gewezen arresten (bijv. HR 12 december 2008, LJN BD3129 , HR 19 december 2008, LJN BG7775 en HR 19 december 2008, LJN BD7480) betroffen gevallen waarin steeds sprake was van verkeersongevallen en de vraag of de werkgever in verband daarmee een adequate verzekering had afgesloten. Zo niet, zo is nu staande rechtspraak, dan is de werkgever ex art. 7:611 BW aansprakelijk voor wat anders voor rekening van een verzekeraar had kunnen worden gebracht. Er wordt wel gezegd dat de Hoge Raad een verzekeringsplicht heeft ingevoerd. Dat vind ik een niet gelukkige woordkeus, gegeven art. 12 Wet algemene bepalingen 1829: "Geen regter mag bij wege van algemeene verordening, dispositie of reglement, uitspraak doen in zaken welke aan zijne beslissing onderworpen zijn." Maar dit terzijde.
Het valt buiten het bestek van dit commentaar hier verder bij stil te staan, omdat een verkeersongeval noch een verzekeringsplicht onderwerp was van het hier besproken arrest. Anderzijds is van belang te signaleren dat de hiervoor aangehaalde arresten de reikwijdte van art. 7:611 BW hebben vergroot. Recent is die ontwikkeling bevestigd in HR 17 april 2009 (LJN BH1996) waarin het ging om een werkneemster die in het kader van een aangeklede "vrijmibo" onderuit ging bij het rollerskaten. De Hoge Raad achtte het aanvaardbaar aansprakelijkheid ex art. 7:611 BW aan te nemen, omdat ten aanzien van deze nochtans als bedrijfsmatig aan te merken activiteit "een op eisen van goed werkgeverschap gebaseerde zorg- en preventieplicht bestond" die de werkgever niet was nagekomen. Het onderscheidende van deze zaak is dat het ongeval wél op de arbeidsplaats plaatsvond, namelijk in de hal van het kantoor, maar een schending van 7:658 BW niet aan de orde was omdat de schade in 's hofs oordeel niet in de uitoefening van de werkzaamheden was geleden. Naast werkgerelateerde verkeersongevallen vormen recreatieve bezigheden in bedrijfsverband een aparte categorie waar art. 7:611 BW het slachtoffer soelaas kan bieden. Buiten deze categorieën is er vooralsnog weinig mogelijk, tenzij Spier zou worden gevolgd in zijn ook bij dit arrest vurig gebrachte pleidooi voor een uitgebreide verzekeringsplicht.
W.H. Bouman

Opdracht

5

a Het arrest, zoals gepubliceerd in *Jurisprudentie Aansprakelijkheid*, is bewerkt. Leg aan de hand van een voorbeeld uit wat hiermee wordt bedoeld.

b Wie zijn de eiser en de gedaagde in eerste aanleg en wat is hun rol in de twee volgende procedures?

c Op welke wetsartikelen baseert eiser in eerste aanleg zijn vordering?

d Welke feiten vormen de aanleiding voor het aanhangig maken van de gerechtelijke procedure?

e De kantonrechter wijst de vordering van X af. Wat voert X in hoger beroep aan?

f Wat is het verweer van Y in hoger beroep?

g Geef in eigen woorden aan waarover de Hoge Raad in deze zaak moet oordelen.

h De Hoge Raad meent dat het Hof geen blijk heeft gegeven van een onjuiste rechtsopvatting. Waar leest u in het arrest de motivering van de Hoge Raad voor deze opvatting?

i Volgt de Hoge Raad de conclusie van de A-G mr. Spier op? Motiveer het antwoord.

j De annotator legt uit dat artikel 7:611 BW (goed werkgeverschap), waarop eiser subsidiair een beroep heeft gedaan, in cassatie geen rol speelde. Waarom speelt dit artikel, volgens de annotator, in cassatie geen rol?

k Hoeveel tijd is er verstreken vanaf het moment van dagvaarding in eerste aanleg tot de uitspraak van de Hoge Raad?

7 Het schrijven van een juridisch betoog

7.1 Inleiding

In hoofdstuk 3 hebt u geleerd met behulp van het vijfstappenplan een casus op te lossen. Hoe u deze oplossing op papier zet, komt in dit hoofdstuk aan bod. Met alleen het geven van de oplossing op zich bent u er namelijk niet. In het algemeen wordt van u verwacht dat u ook aangeeft waarom u voor die oplossing hebt gekozen. Een tekst waarin u uitlegt of onderbouwt waarom u die mening (oplossing) hebt, wordt een betoog genoemd.

Dat betoog kan erg kort zijn. Bijvoorbeeld: 'Het boek *De Endstra-tapes* is een werk in de zin van de Auteurswet, want het is een werk van letterkunde.'

Maar ook erg lang. In zijn advies aan de Hoge Raad had advocaat-generaal Verkade bijvoorbeeld meer dan veertig pagina's nodig om uit te leggen waarom het hof niet de juiste maatstaf had gehanteerd bij het bepalen of het boek *De Endstra-tapes* een werk in de zin van de Auteurswet was.

Kortom: de lengte van tekst hangt af van de lezer. Die bepaalt hoe volledig en nauwkeurig het betoog moet zijn om overtuigd te geraken. U zult moeten leren inschatten welke verwachtingen op dit gebied de lezer (docent, wederpartij, rechter, enz.) heeft.

In dit hoofdstuk komen twee betogen aan bod die u veelvuldig tijdens uw studie zult schrijven:

- een beargumenteerd antwoord op een casusvraag;
- een korte notitie waarin u beargumenteerd een standpunt inneemt vanuit het perspectief van een van de partijen in het geschil.

7.2 Kenmerken van een juridisch betoog

Een betoog is een tekst waarin met behulp van argumenten een standpunt wordt verdedigd. De schrijver neemt een positie in. Hij is voor of tegen en hij geeft daar-

voor zijn argumenten. In die zin is er geen onderscheid tussen teksten in het algemeen en juridische teksten.
Wat maakt dan een betoog een juridisch betoog? U kunt daarbij kijken naar inhoud en naar vorm.

Inhoud

Het meest voor de hand liggende onderscheid is dat het juridische betoog een juridische context heeft. De schrijver neemt stelling in een juridische kwestie. Veelal zal hierbij het uitgangspunt een juridische vraag zijn: de rechtsvraag. Bijvoorbeeld: is er sprake van een 'enig goed' in de zin van artikel 310 Sr als het om virtuele voorwerpen gaat in een computerspel?
Deze context heeft ook gevolg voor de argumenten die dienen ter ondersteuning van het standpunt. Dit moeten juridische argumenten zijn. Dit houdt in dat deze argumenten ontleend zijn aan een juridische bron, zoals de wet en de jurisprudentie.

Vorm

Gebruikelijk bij een betoog is dat de schrijver opent met een pakkend begin (een aansprekend voorbeeld, een citaat, geschiedenis enz.) waaruit als het ware vanzelf de stelling (standpunt) volgt. Vervolgens geeft de schrijver in de kern zijn argumenten en in het slot geeft hij de conclusie dat de stelling – logischerwijs – inderdaad de juiste is.
Juristen hebben echter de voorkeur om het standpunt niet aan het begin te formuleren. Aan de hand van een juridische casus (= een pakkend begin) formuleert de jurist een rechtsvraag die hij in het slot beantwoordt. Dan pas wordt zijn standpunt duidelijk, namelijk in het antwoord op de rechtsvraag.
Daarnaast hanteren juristen in de kern van het betoog het patroon dat eerst expliciet rechtsregels worden beschreven met hun gangbare interpretaties. Vervolgens beargumenteert hij waarom de feitelijke gegevens uit een casus wel of niet in overeenstemming zijn met deze rechtsregels.
Tot slot is kenmerkend voor een juridisch betoog dat het opgesplitst wordt in korte stukjes tekst (alinea's) die gescheiden worden door een witregel.

➡ *Voorbeeld*

	Betoog	Juridisch betoog
	Artikel Bolkestein c.s. NRC[1]	Spacecake
Inleiding	Ambtelijke werkgroep onderzocht hoe rijksoverheid 30 miljard kan bezuinigen	Spacecake in coffeeshop aangetroffen
	Regulering van drugs is goede optie (stelling)	Verkopen spacecake overtreding Opiumwet? (rechtsvraag)
Kern	■ Reguleren drugs taboe	■ Psychotrope Stoffen Verdrag
	■ Verbod werkt niet	■ Opiumwet art. 2 en bijlage I
	■ Veel opiumwetdelicten	■ Jurisprudentie:
	■ Regulering werkt	– HR 29 november 1994, *NJ* 1995, 292
	■ Experiment cannabis	– HR 18 november 1997, *NJ* 1998, 213
	■ Geen juridische bezwaren	■ Spacecake werd verkocht in coffeeshop
	■ Weinig buitenlandse tegenstand	■ Coffeeshop is openbare gelegenheid
	■ Besparing rechtshandhaving	■ Spacecake bevatte de stoffen psilocine en psilocygine
	■ Volksgezondheid	■ Deze stoffen komen voor op de lijst in Bijlage I
Slotconclusie	Regulering is noodzakelijk	Verkopen van spacecake is overtreding van artikel 2 Opiumwet

7.3 Argumentatie

Juist in juridische betogen worden er hoge eisen gesteld aan het onderbouwen van het standpunt. Als twee partijen verdeeld zijn over wat een redelijke oplossing is voor hun geschil, dan zullen zij niet snel overtuigd zijn om het standpunt van de

1 F. Bolkestein c.s., 'Red het land, sta drugs toe', *NRC Handelsblad* 18 mei 2010.

ander te accepteren, veelal omdat het gevolg zo vervelend is (geen vergunning om te bouwen, betalen van een forse schadevergoeding, ontslag enz.).

Voorbeeld

U hebt net via Markplaats.nl voor een redelijk bedrag een laptop gekocht en een medestudent zegt tegen u: 'Verrek, dat is mijn laptop, geef terug!' Uw eerste reactie zal niet zijn: 'Alsjeblieft, veel plezier ermee.' Een vraag als 'Hoezo?' zal meer voor de hand liggen, als u niet botweg met 'Nee' wilt antwoorden.

In dit voorbeeld neemt u beiden een tegengesteld standpunt in, namelijk wel afgeven en niet afgeven. U zult nu door het geven van argumenten het geschil moeten zien op te lossen. U moet eigenlijk 'bewijzen' waarom uw standpunt het juiste is.

Standpunten en argumenten

In een betoog bevinden zich minstens twee elementen:

1. Het standpunt, ook wel conclusie of mening genoemd. Dit is de uitspraak die onderbouwd of verdedigd wordt.
2. Het argument. Dit is de uitspraak die het standpunt onderbouwt of verdedigt.

In het voorbeeld van de laptop is de uitspraak 'Geef terug' het standpunt. Deze uitspraak wordt niet zonder meer geaccepteerd en zal ondersteund moeten worden door verdere uitspraken. In het voorbeeld is de ondersteunende uitspraak 'dat is mijn laptop'.
Het argument 'dat is mijn laptop' zal niet veel indruk maken, omdat de ander ook zal claimen dat de laptop van hem is. Dit argument dient dan ook weer onderbouwd te worden.
Zo ontstaat een keten van uitspraken die telkens onderbouwd dient te worden om een ander te overtuigen. Zo'n keten van argumenten wordt ook wel argumentatie genoemd.

Argumenten zijn, net als standpunten, uitspraken over de werkelijkheid. Het verschil is de functie die zij vervullen. Een argument dient als ondersteuning van een standpunt.

Voorbeeld

- **a** Deze laptop is van mij, *dus* jij moet die laptop afgeven.
- **b** Jij moet die laptop afgeven, *want* hij is van mij.

Inhoudelijk zijn a en b hetzelfde, er is alleen een verschil in de volgorde waarin argument en standpunt worden weergegeven. Bij a wordt eerst het argument gegeven (eerste zin), daarna het standpunt. Bij b is dit omgekeerd. Eerst komt het standpunt, daarna het argument.

Samengevat:

- Argument – *dus* – standpunt.
- Standpunt – *want* – argument.

Niet alleen het woord 'dus' duidt op een standpunt. Andere signaalwoorden (indicatoren) die een standpunt kunnen aangeven, zijn bijvoorbeeld

- daarom;
- hieruit volgt dat;
- ik ben dan ook van mening dat;
- mijn conclusie is dan ook;
- op grond hiervan kunnen we stellen dat;
- blijkbaar.

Indicatoren die een argument aangeven naast 'want' zijn bijvoorbeeld:

- immers;
- namelijk;
- omdat.

Opdracht

1 Benoem in onderstaande uitspraken het standpunt en het argument.

- **a** De verdachte mag worden aangehouden, omdat aan alle voorwaarden is voldaan.
- **b** Uit de gegevens blijkt dat een particulier een fiets koopt in de winkel. Er is dus sprake van een consumentenkoop.

c Er kan helemaal geen sprake zijn van een rechtsgeldige overdracht. Hij is namelijk niet beschikkingsbevoegd.
d Als u het griffierecht niet betaalt, wordt uw beroep niet in behandeling genomen.
e Uiteraard is een surfplank een schip. Hij blijft immers drijven.
f Het bestuursorgaan heeft onzorgvuldig gehandeld door niet de rechtsmiddelenclausule in de brief te vermelden.
g Aangezien hij ontoerekeningsvatbaar is, zal de rechter hem ontslaan van alle rechtsvervolging.
h Uit artikel 3:44 lid 1 BW blijkt dat u de overeenkomst kunt vernietigen.
i Vanwege zijn leeftijd is hij handelingsonbekwaam.
j Een huwelijk kan worden aangegaan door twee personen van verschillend of van gelijk geslacht aldus artikel 1:30 lid 1 BW.

Verzwegen argument

Wat in een betoog vaak wordt weggelaten, is de onderbouwing waarom het argument het standpunt onderbouwt. Wat is nu het verband tussen het standpunt en het argument? Dit verband wordt zichtbaar gemaakt met behulp van een verbindende uitspraak, die ook wel rechtvaardiging wordt genoemd. Zo'n verbindende uitspraak komt vaak voor in de vorm van een 'als-dan-uitspraak'.

Voorbeeld

Standpunt:	geef die laptop terug
Argument:	deze laptop is van mij
Verbindende uitspraak:	**als** deze laptop van mij is, **dan** moet jij die laptop afgeven

Die verbindende uitspraak maakt u door na 'als' het argument in te vullen en na 'dus' het standpunt. Dat op zich creëert nog geen rechtvaardiging, omdat het slechts een herhaling is van het geval. De rechtvaardiging ontstaat als u de als-dan-uitspraak formuleert voor meerdere gevallen. U formuleert als het ware een regel.

Als je eigenaar van een zaak bent, **dan** kun je afgifte van die zaak vragen.[2]

Juridische betogen onderscheiden zich van gewone betogen door deze regel verder te onderbouwen met verwijzingen naar desbetreffende rechtsbronnen. In dit geval door naar artikel 5:2 BW te verwijzen.

Overigens hoeft het niet altijd zo te zijn dat de rechtvaardiging wordt verzwegen. Net zo goed kan dat het standpunt of het argument zijn.

Voorbeeld

De eigenaar van een zaak kan daarvan afgifte vragen. Die laptop is van mij. (Dus?) Jij moet die laptop afgeven, want een eigenaar van een zaak kan afgifte van die zaak vragen.

Argument, standpunt en rechtvaardiging vormen samen een redenering en kunnen op een bepaalde manier in een schema worden ondergebracht. Dit schema is afkomstig van Stephan Toulmin, een professor uit Oxford, die veel invloed heeft gehad op de praktisch gerichte bestudering van (juridische) argumentatie.

In schema:

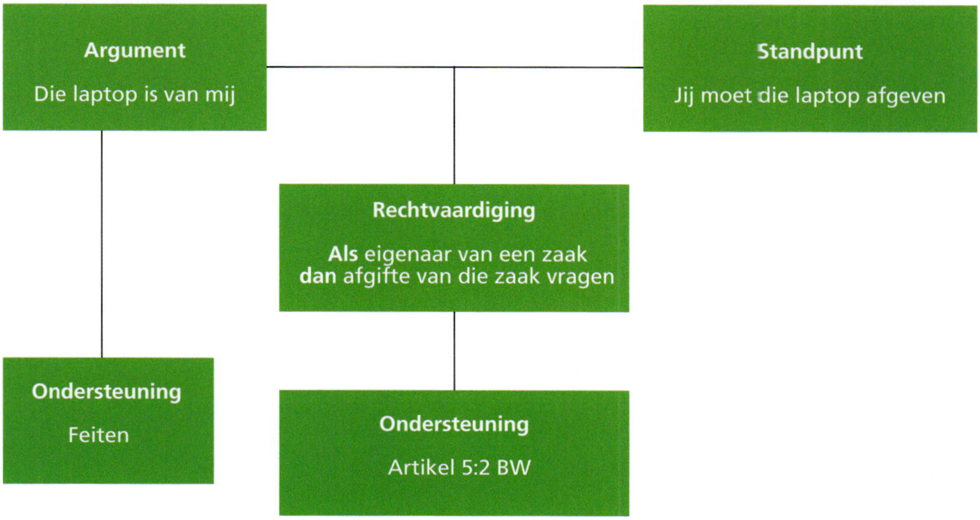

2 Eigenlijk slaan we hier een stap over. Namelijk dat aangetoond wordt dat een laptop een zaak is. Gemakshalve gaan we ervan uit dat de laptop voldoet aan het begrip 'zaak'.

Verder valt dit schema nog uit te breiden met een voorbehoud en een uitzondering.

Voorbeeld

In beginsel moet die ander de laptop afgeven, *tenzij* de uitzondering van derdenbescherming zich voordoet (artikel 3:86 BW).

In schema:

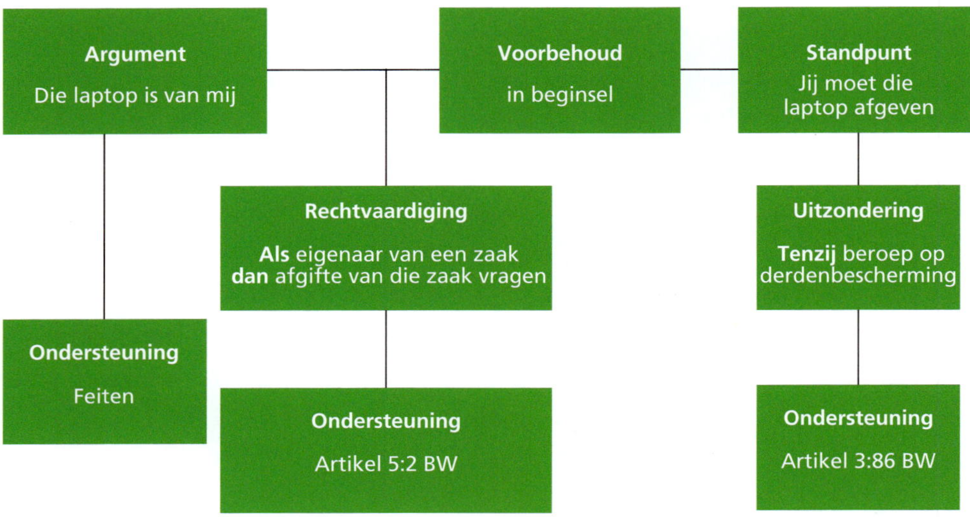

Het schema geeft goed weer hoe juristen redeneren. Vanuit een casus (Van wie is de laptop?) zoekt de jurist naar een rechtsregel om te laten zien dat de feiten uit de casus tot de gewenste uitkomst leiden. Die rechtsregel staat geformuleerd in een wetsartikel en kan ook omgezet worden in een als-dan-formule.

Artikel 5:2 BW luidt dan:

Als	▪ je eigenaar bent	**dan**	bevoegd op te eisen
	▪ van een zaak		
	▪ een ieder houdt die zaak zonder recht		

Oftewel: na **als** volgen de voorwaarden en na **dan** volgt het rechtsgevolg.

Opdrachten

2 Benoem de verzwegen rechtvaardiging in onderstaande redeneringen.
- a U moet betalen, want u hebt de zaak gekocht.
- b Ik ben belanghebbende bij dit besluit, zodat ik in beroep kan gaan.
- c Uiteraard is een surfplank een schip. Hij blijft immers drijven.

3 Formuleer het verzwegen deel van de redenering en benoem deze.
- a De overdracht is rechtsgeldig. En bij een rechtsgeldige overdracht gaat de eigendom over.
- b Nu het griffiegeld niet binnen vier weken is betaald, wordt het beroep niet-ontvankelijk verklaard.
- c Wie een goed houdt voor zichzelf, is bezitter. Ik ben bezitter.

4 Lees casus I 'McOntslag' (par. 7.5).
- a In alinea 3 vordert de werkneemster een geldsom. Welk standpunt ligt aan deze vordering ten grondslag?
- b Welk argument heeft de werkneemster ter onderbouwing van haar standpunt?
- c Welk standpunt neemt de werkgever in (alinea 4)?
- d Welk argument heeft de werkgever voor dit standpunt?
- e Welke rechtsvraag diende de rechter te beantwoorden?
- f In alinea 5 staat: 'Gelet op alle omstandigheden van het geval'. Hoeveel omstandigheden somt de rechter op? Vat elke omstandigheid kort samen.

Argumenteren

In een juridisch betoog beargumenteert u dat aan de voorwaarden van de rechtsregel wel of niet is voldaan. Dit doet u in eerste instantie door de gegevens uit de casus te koppelen aan die voorwaarden.

Bijvoorbeeld aan de voorwaarde 'zaak' koppelt u 'laptop'. Hebt u daarmee geargumenteerd? Niet echt, want wat rechtvaardigt dat dit zo is? **Als** laptop **dan** zaak?

U zult moeten laten zien dat dit verband is gebaseerd op een regel en dat aan al die voorwaarden is voldaan. In dit geval is die regel vervat in artikel 3:2 BW: Zaken zijn de voor menselijke beheersing vatbare stoffelijke objecten.

Voorbeeld

Er is in dit geval sprake van een zaak, *omdat* een laptop een voor menselijke beheersing vatbare stof is. De laptop is *immers* gemaakt van allerlei stoffen (o.a. plastic) *en* de beheersing blijkt uit het feit dat mensen erop kunnen werken of dat zij de laptop kunnen dragen of verkopen.

Eigenlijk is dit voorbeeld een beetje flauw, omdat in de praktijk zelden ter discussie staat of een voorwerp wel of niet een zaak is. De constatering dat een laptop een zaak is, komt al overdreven over. Vooral in het begin van uw studie wordt echter van u verwacht om toch alle voorwaarden (hoe duidelijk er ook aan voldaan is) te toetsen. Enerzijds omdat u daarmee leert analyseren en anderzijds omdat u op deze wijze veel oefent in het argumenteren.

Nog een voorbeeld waaruit blijkt dat koppelen van feiten aan een voorwaarde niet hetzelfde is als argumenteren.

Voorbeeld

Nadat de ene partij de overeenkomst vernietigt op grond van misbruik van omstandigheden, stuurt de andere partij na zes weken een voorstel.
In artikel 3:54 lid 1 BW is bepaald dat zo'n voorstel tijdig moet worden gedaan.

Is het dan voldoende om tijdig aan zes weken te koppelen? Bijvoorbeeld: Het is tijdig, want er is sprake van zes weken? Niet echt, want het omgekeerde kan dan ook: Het is niet tijdig, want er is sprake van zes weken. Er zal dus betoogd moeten worden wat onder tijdig moet worden verstaan, voordat het oordeel gegeven kan worden of het wel of niet tijdig is.

Opdrachten

5 Geef uit onderstaande tekst weer:

- **a** wat de rechtvaardiging is;
- **b** welke argumenten gegeven worden waarmee getoetst wordt of aan de voorwaarde uit de rechtvaardiging is voldaan; en
- **c** welk standpunt wordt ingenomen.

'Ten laste is gelegd dat verdachte [minister-president] heeft bedreigd met enig misdrijf tegen het leven gericht dan wel met zware mishandeling. Voor een bewezenverklaring van dit feit is vereist dat de bedreiging van dien aard is geweest en onder zodanige omstandigheden is geschied dat bij de bedreigde de redelijke vrees kon ontstaan dat hij het leven zou kunnen verliezen dan wel zwaar mishandeld zou worden. Gelet op de gebruikte bewoordingen, het feit dat het bericht afkomstig was van een jongerennetwerk en het feit dat aan het bericht vijftien, verschillende soorten, "smileys" waren toegevoegd, komt het hof tot het oordeel dat een dergelijke vrees in redelijkheid niet bij [minister-president] heeft kunnen ontstaan.'

6 Nadat de ene partij de overeenkomst vernietigt op grond van misbruik van omstandigheden gaat deze, onbereikbaar, gedurende acht weken een voetreis maken in Zuid-Amerika. De andere partij stuurt na zes weken een voorstel met daarin de waarschuwing dat het aanbod na drie weken vervalt.

- **a** Geef een argument waarom het voorstel tijdig is gedaan.
- **b** Geef een argument waarom het voorstel niet tijdig is gedaan.

7 Lees casus II 'De poster' (par. 7.5).

- **a** Ontleed het wetsartikel in rechtsgevolg en voorwaarden.
- **b** Beargumenteer waarom aan de voorwaarde 'openbaar maken' is voldaan.

8 Lees casus III 'Jay Zie' (par. 7.5).

- **a** Ontleed het wetsartikel in rechtsgevolg en voorwaarden.
- **b** Beargumenteer waarom aan de voorwaarde 'ziekelijke stoornis' is voldaan.

Conclusies trekken

De conclusie is het standpunt dat je inneemt nadat je alle argumenten hebt gegeven. Het doel van het argumenteren is de conclusie als juist te accepteren. Hiervan is sprake als:

- de argumenten aanvaardbaar zijn (d.w.z. voldoende feitelijk onderbouwd = bewijs);
- er voldoende argumenten zijn gegeven voor de conclusie (d.w.z. alle voorwaarden uit de rechtsregel zijn vervuld).

In het voorbeeld van de laptop geeft de medestudent als argument dat hij de eigenaar is van de laptop. U wilt graag weten waaruit dat zou moeten blijken, want u vindt namelijk ook dat u de eigenaar bent.[3] Stel, de medestudent kan niet aantonen dat hij eigenaar is, omdat hij bijvoorbeeld geen garantiebewijs en/of aankoopbon en/of aangifte van diefstal kan laten zien. Dan is zijn bewering 'die laptop is van mij' niet aanvaardbaar (en automatisch zijn dan ook niet alle voorwaarden vervuld). Volgens de rechtsregel kan dan het rechtsgevolg niet intreden. De conclusie luidt dan in een juridisch betoog: Hij is niet bevoegd om de laptop op te eisen.

Strikt genomen is deze conclusie niet juist. Zij suggereert namelijk dat de medestudent de laptop niet kan terugkrijgen. Het is echter niet uitgesloten dat de medestudent op grond van een andere regel de laptop kan opeisen (bijvoorbeeld op grond van redelijkheid en billijkheid, zie art. 6:2 BW).

Een juistere conclusie is dan ook: Hij is *op grond van artikel 5:2 BW* niet bevoegd om de laptop op te eisen.

Let hier vooral op als de conclusie inhoudt dat het rechtsgevolg niet intreedt. Maar ook als de conclusie is dat het rechtsgevolg wel intreedt, wil dat in het recht nog niet zeggen dat dit daadwerkelijk gebeurt. Het volgende voorbeeld maakt dit duidelijk.

---

3 In beginsel geldt in het bewijsrecht 'Wie eist, bewijst'.

Stel dat de medestudent wel weet aan te tonen dat hij eigenaar is, omdat hij bijvoorbeeld wel een garantiebewijs, aankoopbon en aangifte van diefstal kan tonen. Tevens staat vast dat de laptop een zaak is en dat u zonder recht de laptop houdt, omdat u geen eigenaar bent geworden. (U dacht van wel, maar het was niet zo.) Dan is zijn bewering 'die laptop is van mij' aanvaardbaar en zijn de overige voorwaarden vervuld. Volgens de rechtsregel treedt dan het rechtsgevolg in. De conclusie luidt dan in een juridisch betoog: 'Hij is bevoegd om de laptop op te eisen.'

Op zich is deze conclusie wel juist, maar de werkelijkheid laat zich moeilijk vatten in één simpele rechtsregel. U dient er rekening mee te houden dat rechtsregels aangevuld of beperkt kunnen worden (bijvoorbeeld in dit geval door derdenbescherming, zie art. 3:86 BW).

Een juistere conclusie is dan ook: Hij is *in beginsel* bevoegd om de laptop op te eisen.

Dit fenomeen doet zich vooral voor in een betoog waarin u meerdere rechtsregels behandelt en u dan een deelconclusie formuleert.

Opdracht

9 Alex werkt al tien jaar op basis van een arbeidscontract bij de MegaMarket. Zijn chef komt op een dag aan hem vragen of hij interesse heeft in het fietsplan. Alex fietst graag en woont 12 km van de MegaMarket. Hij heeft daar wel oren naar en neemt de folder van het fietsplan mee naar huis. Thuis leest Alex de volgende voorwaarden in de folder:

- Alleen medewerkers die minder dan 15 km van het werk wonen en
- van wie de leidinggevende akkoord is gegaan met de gekozen fiets
- komen in aanmerking voor een vergoeding van maximaal € 749.

Alex is direct enthousiast en bestelt een ligfiets van € 2750 en vertelt dit aan zijn chef.
Stel dat de vraag is: Komt Alex in aanmerking voor een vergoeding van € 749?

Waarom zijn de volgende antwoorden (conclusies) dan niet juist?

a Alex krijgt geen € 749. De ligfiets is te duur.

b Alex komt in aanmerking voor de € 749, omdat hij voldoet aan alle vereisten.

7.4 Opbouw van het betoog

Net als elke tekst kent de opbouw van een juridisch betoog de hoofdindeling: inleiding – kern – slot. Daarbovenop heeft de opbouw van een juridisch betoog de indeling: rechtsregel (R) – toepassing (T) – conclusie (C). De vraag hoe uitgebreid een betoog moet zijn, bepaalt de inhoud van de diverse onderdelen.
Hieronder ziet u hoe uw betoog er schematisch uitziet bij het antwoord op een casusvraag en een korte notitie.

	Casusvraag	**Korte notitie**
Inleiding	Vraag + rechtsregel (R)	Neutrale samenvatting casus met relevante feiten
		Rechtsvraag
Kern	Toepassing voorwaarden op feiten uit casus (T)	Rechtsregel met voorwaarden (R)
		Toepassen voorwaarden op feiten uit casus (T)
Slot	Conclusie (C)	Conclusie (C)

Hierna worden deze schema's uitgewerkt.

7.4.1 Casusvraag

Casus 'Mitch'

De Engelse Mitch is een weekendje over uit Londen. Op zaterdagavond gaat hij op kroegentocht door Amsterdam. Later die nacht komt het tot een woordenwisseling met een groepje toevallige voorbijgangers. De woordenwisseling loopt uit de hand en in de daaropvolgende vechtpartij steekt Mitch een van die voorbijgangers met een mes in de buikstreek. Het slachtoffer loopt hierbij zwaar lichamelijk letsel op. De straat waar de vechtpartij zich afspeelt, staat echter onder cameratoezicht. Nog maar nauwelijks op weg naar zijn hotel wordt Mitch op basis van een nauwkeurig signalement aan de hand van de videobeelden door twee opsporingsambtenaren aangehouden. Na zijn aanhouding wordt Mitch door de opsporingsambtenaren gefouilleerd. Bij deze fouillering worden wel zijn paspoort en vliegticket aangetroffen, maar niet het gebruikte mes.

Mitch wordt meegenomen naar het politiebureau en wordt daar voorgeleid aan de hulpofficier van justitie. De verdachte wordt in verzekering gesteld. Tijdens de verhoren in deze periode beroept Mitch zich tot frustratie van de verhorende ambtenaren constant op zijn zwijgrecht. En het mes is ook nog altijd niet gevonden.

Vraag

De inverzekeringstelling loopt af. Kan nu rechtmatig worden beslist dat Mitch in bewaring wordt gesteld? Zo nee, waarom niet? Zo ja, op welke gronden?

Uitwerking

Regel (R)	In art. 63 lid 1, 67 en 67a Sv staan de voorwaarden voor het bepalen of Mitch rechtmatig in bewaring kan worden gesteld. (*vraag*)
Toetsen (T) (Koppelen + argumentatie)	Mitch wordt verdacht van mishandeling met zwaar lichamelijk letsel. Uit art. 300 lid 2 Sr blijkt dat dit delict wordt gestraft met een gevangenisstraf van ten hoogste vier jaar en daarmee is voldaan aan de eis van art. 67 lid 1 sub a Sv van een misdrijf waarop vier jaar gevangenisstraf staat.
	Uit de video-opname blijkt meer dan een redelijk vermoeden van schuld van Mitch aan de mishandeling. Zijn daad is immers nauwkeurig vastgelegd en op de video is goed te zien dat Mitch het slachtoffer met een mes steekt. Het bewijsmateriaal is zo duidelijk dat er sprake is van ernstige bezwaren tegen Mitch (art. 67 lid 3 Sv).
	Mitch heeft de Engelse nationaliteit en verblijft hier slechts tijdelijk in een hotel. Het is aannemelijk dat hij direct naar Engeland zal gaan als vrijkomt, omdat hij daar woont. Er is dus sprake van vluchtgevaar in de zin van art. 67a lid 1 sub a Sv.
Conclusie (C)	Aan alle voorwaarden voor een rechtmatige inbewaringstelling is voldaan, zodat rechtmatig beslist kan worden dat Mitch in bewaring kan worden gesteld. (*antwoord*)

U geeft uw betoog een overzichtelijke structuur als u elk onderdeel apart uitwerkt in een alinea en na elke alinea een regel wit openlaat. Dit geldt ook voor elke voorwaarde die u apart in een alinea uitwerkt.

Opdrachten

10 De heer Pareldal koopt het landhuis, een registergoed, van mevrouw Startstra. Bij deze koop heeft de heer Pareldal misbruik gemaakt van de bijzondere omstandigheden waarin mevrouw Startstra zich bevindt; zij is al tijden zwaar depressief. De heer Parelberg weet dit en verzekert haar dat het beter is om haar woning nu voor € 250.000 minder te verkopen dan dat deze waard is. Een maand nadat de koop volledig afgerond is, verkoopt de heer Parendal het huis door aan de heer Bolzijn voor de werkelijke waarde. De heer Bolzijn weet van niets en is te goeder trouw.
Is de heer Pareldal eigenaar geworden van het landhuis?

11 In het centrum van de gemeente Schoondam heeft de 60-jarige mevrouw Paie een café vlak naast het muziektheater voor ouderen 'Stars on 60'. Omdat het de laatste tijd goed gaat met haar café wil zij een vergunning aanvragen voor de exploitatie van een terras. Zij wil dat bezoekers door de week tot 24.00 uur en in het weekend tot 02.00 uur op het terras kunnen zitten. De administratief medewerker van de afdeling vergunningen, dhr. Kerrie, die regelmatig in haar café komt, heeft haar verzekerd dat dit haar geen problemen zal opleveren om hiervoor een vergunning te krijgen. Kerrie voegt hieraan toe: 'Ik werk al jaren op die afdeling en ik weet hoe ze met dergelijke aanvragen omgaan.'

De APV van Schoondam kent hieromtrent het volgende artikel: Het is verboden, zonder vergunning van de burgemeester een terras te exploiteren.

Mevrouw Paie vraagt een vergunning aan voor de exploitatie van een terras voor haar café. Op 9 februari 2010 ontvangt ze een brief van mevrouw Hoogendijk (verzonden op 6 februari 2010), juridisch medewerker van de gemeente Schoondam, dat zij namens de burgemeester kan mededelen dat de vergunning wordt verleend, maar dat daaraan wel voorschriften zijn verbonden. Het terras van mevrouw Paie mag van zondag tot en met zaterdag van 11.00-23.00 uur in gebruik zijn. Overigens is hiervan ook op dezelfde dag, 9 februari 2010, melding gemaakt in de huis-aan-huisbladen.

Geef aan of de brief van 9 februari een besluit vervat in de zin van de Awb.

Volgorde behandeling voorwaarden

U plaatst de alinea's waarin u de voorwaarden toetst aan de feiten bij voorkeur in een logische volgorde. Jammer genoeg is de volgorde in de regelgeving niet vanzelfsprekend de juiste volgorde in een betoog. Een hulpmiddel bij het bepalen daarvan is dat u let op begrippen die 'inkleuring' geven aan andere begrippen.

Voorbeeld

Stel dat iemand – tegen de wil van de eigenaar – de mast van een zeilboot omzaagt.

Artikel 350 lid 1 Sr luidt:

> 'Hij die opzettelijk en wederrechtelijk enig goed dat geheel of ten dele aan een ander toebehoort, vernielt, beschadigt, onbruikbaar maakt of wegmaakt, wordt gestraft met gevangenisstraf van ten hoogste twee jaren of geldboete van de vierde categorie.'

De ontleding van het wetsartikel is als volgt:

Rechtsgevolg: er is sprake van vernieling/beschadiging
Voorwaarden:

- opzettelijk;
- wederrechtelijk;
- enig goed;
- dat geheel of ten delen toebehoort;
- aan een ander;
- vernielt, beschadigt, onbruikbaar maakt of wegmaakt.

Kunt u nu de volgorde van de wet aanhouden? Beginnen met opzettelijk is niet logisch, omdat dit veronderstelt dat u iets willens en wetens doet. Dan ligt het meer voor de hand dat u dat doen (hier: omzagen) eerst beschrijft, voordat u aangeeft hoe dit gebeurt. Dit doen (omzagen) betreft een voorwerp. Dit voorwerp is het onderwerp waarmee iets gedaan wordt (omzagen), zodat dit voor de duidelijkheid eerst geïntroduceerd dient te worden.

De meest voor de hand liggende volgorde van behandeling is daarom dat u begint met uit te leggen dat de mast onderdeel is van een zeilboot die toebehoort aan een andere persoon. Vervolgens behandelt u dan dat dit omzagen van de mast onder het begrip vernielen valt. Daarna legt u pas uit dat dit omzagen van de mast opzettelijk is gebeurd. U eindigt ten slotte met het aantonen dat dit omzagen tevens wederrechtelijk is.

In schema:

- enig goed;
- dat geheel of ten dele toebehoort;
- aan een ander;
- vernielt, beschadigt, onbruikbaar maakt of wegmaakt;
- opzettelijk;
- wederrechtelijk.

Houd dus in de gaten dat de volgorde in een wetsartikel niet vanzelfsprekend de juiste volgorde is waarin u de voorwaarden behoort te behandelen in een betoog.

Opdrachten

12 Ontleed artikel 6:198 BW in rechtsgevolg en voorwaarden. Bepaal vervolgens de volgorde waarin die voorwaarden in een betoog behandeld dienen te worden.

13 Lees casus IV 'De bovenwoning' (par. 7.5).

- **a** Ontleed het wetsartikel in rechtsgevolg en voorwaarden.
- **b** Bepaal de juiste volgorde waarin u in een betoog deze voorwaarden zult behandelen.

7.4.2 Korte notitie

Casus 'De Preuve'

Traditioneel wordt vanaf donderdag tot en met zaterdag met Hemelvaart De Preuve gehouden op de Grote Markt te Schoondam. De Preuve is een groots culinair festijn dat elk jaar veel bezoekers trekt. Die kunnen allerlei lekkernijen proeven die ter plekke klaargemaakt worden door gerenommeerde koks.

Dit jaar valt Hemelvaart samen met Koninginnedag en de voorzitter van de Stichting De Preuve, Timo Eestie, voorziet dat de gemeente met het samenvallen van deze festiviteiten niet blij zal zijn. In een vroeg stadium neemt Timo dan ook contact op met de ambtenaren, de politie en de brandweer om de haalbaarheid van de combinatie van de festiviteiten te onderzoeken. Die haalbaarheid zal moeten blijken uit een deugdelijk veiligheidsplan. Het gecertificeerde beveiligingsbedrijf Vitium zal op basis van een risicoanalyse een uitgebreid veiligheidsplan opstellen, inclusief ontruimingsplan en calamiteitenplan. Daarnaast zal het stichtingsbestuur in het draaiboek veel aandacht besteden aan de faciliteiten, zoals koelkasten en verplaatsbare wc's, alsmede het voorkomen van overlast. Zo zullen er voor het eerst verkeersregelaars zijn en zal de muziek nergens boven de 80 dB uitkomen. Verder wil het bestuur de verkeersveiligheid waarborgen door de logistiek aan te scherpen.

Op 9 november adviseert de politie positief op de aanvraag. Weliswaar acht zij het niet wenselijk dat de evenementen samenvallen, maar de politie heeft juist daardoor voldoende personeel beschikbaar en ziet voldoende mogelijkheden om beide festiviteiten goed te laten verlopen. Daarbij is van belang geweest dat Timo goede afspraken heeft gemaakt over de beveiliging van het afgesloten festivalterrein in de Koninginnenacht en tijdens De Preuve en dat de cafés op het plein bereikbaar blijven.
Op 1 april wordt de vergunning verleend onder de voorwaarden dat het stichtingsbestuur voortdurend overlegt met politie en brandweer en dat het definitieve veiligheidsplan dient te voldoen aan de door politie en brandweer gestelde eisen. Bovendien mogen podia, tenten en installaties niet eerder in gebruik genomen worden alvorens deze door de brandweer zijn geïnspecteerd en in orde

zijn bevonden en zal er tijdens het evenement streng gecontroleerd worden op naleving van de voorschriften.
Als ook op 16 april de brandweer in haar advies aangeeft dat er sluitende afspraken zijn gemaakt, staat volgens Timo niets meer in de weg om een geslaagde Preuve te houden. Met de brandweer zijn goede afspraken gemaakt:

- over het vrijhouden van een aantal routes om de bereikbaarheid te waarborgen;
- over het na 8.00 uur 's morgens op Koninginnedag niet meer laten plaatsvinden van transport naar de Grote Markt;
- alsmede over het ervoor zorgen dat de hekken om het terrein vrij van fietsen worden gehouden en dat tevens ter verhoging van de brandveiligheid de hekken aan beide zijden zijn geschoord, zodat zij niet om kunnen vallen.

De horecaondernemers aan de Grote Markt zijn echter helemaal niet gecharmeerd van het idee dat het plein al op Koninginnenacht vol staat met de tenten van De Preuve. Zij vrezen hierdoor omzetverlies te lijden, omdat door de jaren heen Koninginnedag een topdag voor de omzet was. Daarnaast vinden de ondernemers het, op zijn zachtst gezegd, niet wenselijk dat beide evenementen gelijktijdig plaatsvinden. Die Preuve kan toch net zo goed op een andere plek of datum worden gehouden?
Op een stormachtige vergadering (7 april) van de vereniging van horecaondernemers 'Grote Markt' Schoondam lopen de emoties hoog op. Dat het omzetverlies zwaar telt, is duidelijk, maar dat dit gebeurt door een loopje te nemen met de brandveiligheid is een schande vinden de ondernemers. Juist als er zoveel mensen op de been zijn. Als er wat gebeurt, kunnen de hulpdiensten nooit op tijd zijn. Zij vinden dat de gemeente niet voldoende heeft gedaan om belasting van de omgeving te voorkomen en de veiligheid te waarborgen. Uiteindelijk wordt met algemene stemmen besloten gerechtelijke stappen te ondernemen tegen de evenementenvergunning. De voorzitter en de secretaris krijgen de opdracht om de gemeenschappelijke belangen van de leden te behartigen door in een verzoekschrift aan de bestuursrechter een voorlopige voorziening te treffen.

Vraag

U krijgt van de gemeentejurist, die de burgemeester zal vertegenwoordigen bij de zitting, de opdracht uit te zoeken waarom de vergunning in redelijkheid is verleend, zodat er geen aanleiding is voor het treffen van een voorlopige voorziening. Schrijf deze notitie met eventueel voetnoten.

Maak gebruik van de bijgevoegde gegevens.

Gegevens

Aan de vereisten van de artikelen 1:2, 7:1, 8:1 en 8:81 Awb is voldaan en deze hoeft u niet in uw betoog te betrekken.

Algemene plaatselijke verordening Schoondam 2007

Artikel 2.2.2

1. Het is verboden zonder vergunning van de burgemeester een evenement te organiseren.
2. Een vergunning kan slechts worden geweigerd in het belang van:
   a. de openbare orde;
   b. het voorkomen of beperken van overlast;
   c. de verkeersveiligheid of de veiligheid van personen of goederen;
   d. de zedelijkheid of gezondheid.

Analyse

Artikel 2.2.2 APV lid 2

Rechtsgevolg: vergunning wordt geweigerd

Voorwaarden:

slechts op grond van:

- de openbare orde;
- het voorkomen of beperken van overlast;
- de verkeersveiligheid;
- de veiligheid van personen of goederen;
- de zedelijkheid;
- de gezondheid.

Uitwerking

Inleiding	De Preuve, een culinair evenement met Hemelvaart op de Grote Markt te Schoondam, valt dit jaar samen met Koninginnedag. De gemeente heeft op 1 april aan de stichting De Preuve vergunning verleend voor het houden van dit evenement onder de voorwaarden dat de stichting voortdurend overlegt met politie en brandweer en dat het definitieve veiligheidsplan dient te voldoen aan de door politie en brandweer gestelde eisen. Hieraan is op 16 april voldaan. Bovendien mogen installaties e.d. pas na toestemming van politie en brandweer in gebruik worden genomen.
	De horecaondernemers vrezen omzetverlies en voorzien problemen met overlast en de (brand)veiligheid. Zij zijn tegen de afgegeven vergunning en vragen de bestuursrechter om een voorlopige voorziening.
Rechtsvraag	De vraag is nu of de vergunning in redelijkheid is verstrekt.
Kern, Rechtsregel (R)	Een vergunning had door de gemeente op basis van artikel 2.2.2 lid 2 APV slechts geweigerd mogen worden als dit in het belang van de openbare orde, het voorkomen of beperken van overlast, de verkeersveiligheid, de veiligheid van personen of goederen, de zedelijkheid of gezondheid zou zijn.
	Uit het woord 'slechts' valt op te maken dat het hier om een limitatieve opsomming gaat. Dit houdt in dat de vergunning alleen geweigerd kan worden op grond van de specifiek genoemde belangen en dat deze niet geweigerd kan worden vanwege een ander belang.

Kern, Toetsing (T) argumentatie	**Openbare orde**
	Allereerst is er geen aanleiding om aan te nemen dat er tijdens het evenement een ontoelaatbare inbreuk op de openbare orde zal worden gemaakt (*introductie voorwaarde*). *Niet alleen* omdat de politie na bestudering van de plannen een positief advies heeft uitgebracht voor het houden van het evenement, *maar ook* omdat het evenement op een afgesloten terrein plaatsvindt *en* er die dag voldoende capaciteit aan politie aanwezig is (*argumenten*), *zodat* het evenement ordentelijk zal verlopen. (*afronding/deelconclusie*)
	Voorkomen of beperken overlast
	Voorts heeft het stichtingsbestuur in zijn draaiboek veel aandacht besteed aan het voorkomen van overlast (*voorwaarde*). *Zo* zorgt zij voor verplaatsbare wc's *en* zullen tijdens het evenement verkeersregelaars aanwezig zijn. *Ook* zal de muziek nergens boven de 80 dB uitkomen, waarop tijdens het evenement streng zal worden gecontroleerd (*argumenten*). *Door* het treffen van deze concrete maatregelen heeft de organisatie voldaan aan haar verplichting om overlast zo veel mogelijk te voorkomen en te beperken. (*afronding/deelconclusie*)
	Verkeersveiligheid
	Er is in het draaiboek van de stichting *ook* aandacht besteed aan de verkeersveiligheid (*voorwaarde*). *Zo* worden er tijdens het evenement verkeersregelaars ingezet *en* wordt de logistiek aangescherpt door toeleveranciers op Koninginnedag na 8 uur niet meer te toe te laten op de Grote Markt. *Daarnaast* zijn er met de brandweer afspraken gemaakt over het vrijhouden van een aantal routes om de bereikbaarheid te waarborgen (*argumenten*). *Hiermee* zijn er voldoende waarborgen voor de verkeersveiligheid. (*afronding/deelconclusie*)

	Veiligheid personen of goederen
	Ook aan de veiligheid van personen of goederen heeft de stichting aandacht besteed (*voorwaarde*). *Ten eerste* betreft het een afgesloten festivalterrein *en daarnaast* zal het gecertificeerde beveiligingsbedrijf Vitium voor de dag van het evenement een uitgebreid veiligheidsplan opstellen inclusief ontruimingsplan en calamiteitenplan. *Verder* heeft de politie op 9 november na bestudering van de plannen positief gereageerd op de aanvraag, *mede omdat* zij op die dag voldoende personeel beschikbaar heeft *en* voldoende mogelijkheden ziet om de festiviteiten goed te laten verlopen. *Voorts* zijn ook met de brandweer een aantal duidelijke afspraken gemaakt, *zoals* het schoren van de terreinhekken, en het vrijhouden van een aantal toegangsroutes. *Ten slotte* maakt *ook* het terrein vrijhouden van fietsen onderdeel uit van de met de brandweer gemaakte afspraken (*argumenten*). Er is daarmee voldoende gelet op de veiligheid van personen en goederen. (*afronding/deelconclusie*)
	Zedelijkheid
	Aangezien het festival op een weliswaar afgesloten, maar toch openlijk en voor iedereen zichtbaar terrein plaatsvindt, is er geen reden om aan te nemen dat de zedelijkheid niet zal kunnen worden gewaarborgd. Dit temeer er die dag voldoende politie aanwezig is om indien nodig te kunnen ingrijpen. (Dit is een voorbeeld van een foute alinea.)
	Wat gaat nu mis in deze alinea?
	De alinea bevat slechts twee zinnen. In het tweede deel van de eerste zin staat zowel de introductie van de voorwaarde als de deelconclusie.
	Leg eens verband tussen argument en deelconclusie m.b.v. als-dan: Als openlijk en zichtbaar dan zedelijk?
	Kortom: prop niet alles in één zin.
	Waarom stonden er wc's in de casus? – Hoeft er niet in het openbaar geplast te worden = zedelijkheid.
	Taal: Laatste zin: Zeker omdat er die dag voldoende politie aanwezig is om hierop toezicht te houden.

	Gezondheid
	In het draaiboek van de stichting is opgenomen dat er aandacht wordt besteed aan de gezondheid (*voorwaarde*) *door* o.a. het plaatsen van koelkasten en verplaatsbare toiletten. *Tevens* zijn in overleg met de brandweer afspraken gemaakt om toegangsroutes vrij te houden om hulpdiensten, *zoals* een ambulance snel ter plaatse te kunnen laten komen, mocht dat nodig zijn (*argumenten*). *Hierdoor* is het voldoende aannemelijk dat er geen gevaar voor de gezondheid van de bezoekers is. (*afronding/deelconclusie*)
	Andere bezwaren
	Daarnaast is een van de grootste bezwaren van de horecaondernemers dat zij vrezen omzet mis te lopen. Dit belang valt *echter* niet onder de belangen die een grond vormen om de vergunning te weigeren. Uit het woord 'slechts' valt *namelijk* af te leiden dat alleen in artikel 2.2.2 lid 2 APV genoemde belangen een grond voor weigering kunnen vormen (*argumenten*). Het mislopen van omzet kan *daarom* geen grond opleveren om een vergunning te weigeren. (*afronding/conclusie*)
Slot, Conclusie (C)	De gemeente heeft *dus* in alle redelijkheid de vergunning kunnen verlenen, *omdat* zij alle te beschermen belangen – genoemd in art. 2.2.2 lid 2 APV – voldoende in acht heeft genomen.

Volgorde behandeling voorwaarden bij nadere en nevenanalyse

Vaak zult u meerdere rechtsregels moeten toepassen bij het oplossen van een casus. In dat geval krijgt u te maken met nadere en nevenanalyse. Voor de volgorde waarin u de voorwaarden behandelt, maakt het uit of u te maken hebt met een nadere analyse of een nevenanalyse.

Bij een nadere analyse volgt u de voorwaarden van de hoofdregel en behandelt u de andere rechtsregel(s) bij een van de voorwaarden van de hoofdregel.
Bij een nevenanalyse behandelt u de rechtsregels één voor één.

Voorbeeld

Alex gaat fitnessen en sluit hiertoe een jaarabonnement bij sportschool Fit. Bij het tekenen van de overeenkomst ontvangt Alex de algemene voorwaarden waarin onder meer staat dat de opzegtermijn drie maanden is. Na twee maanden neemt de interesse van Alex voor het fitnessen af en hij komt steeds minder op de sportschool. Na negen maanden realiseert Alex zich dat hij het abonnement moet opzeggen, omdat hij anders weer een jaar moet betalen. Helaas overschrijdt Alex de opzegtermijn met twee dagen. De sportschool accepteert de opzegging niet en wijst naar de algemene voorwaarden. Zij verlangt betaling van het abonnement.

Artikel 6:233 BW luidt:

> 'Een beding in algemene voorwaarden is vernietigbaar
> **a** indien het, gelet op de aard en de overige inhoud van de overeenkomst, de wijze waarop de voorwaarden tot stand zijn gekomen, de wederzijds kenbare belangen van partijen en de overige omstandigheden van het geval, onredelijk bezwarend is voor de wederpartij; of
> **b** indien de gebruiker aan de wederpartij niet een redelijke mogelijkheid heeft geboden om van de algemene voorwaarden kennis te nemen.'

Gemakshalve is de ontleding van het wetsartikel als volgt:

Rechtsgevolg: een beding in algemene voorwaarden is vernietigbaar
Voorwaarden (samengevat!):

- beding is onredelijk bezwarend;
- geen redelijke mogelijkheid om kennis te nemen van algemene voorwaarden.

Dit is de hoofdregel die op deze casus van toepassing is. Het gaat hier om alternatieve voorwaarden, zodat het in beginsel niet uitmaakt in welke volgorde ze behandeld worden.
Voor deze casus is in artikel 6:237 sub I BW nader ingevuld wanneer er sprake is van onredelijk bezwarend en in artikel 6:234 BW of er sprake is van een redelijke mogelijkheid.

Deze nadere analyse betekent voor de opbouw het volgende:

Beding is vernietigbaar:

- beding is onredelijk bezwarend:
  - wederpartij is consument;
  - opzegtermijn is langer dan drie maanden; of
  - opzegtermijn wederpartij is langer dan opzegtermijn gebruiker;
- geen redelijke mogelijkheid om kennis te nemen van algemene voorwaarden:
  - wederpartij
  - heeft voor of bij sluiten overeenkomst
  - algemene voorwaarden ontvangen.

Uit de toetsing blijkt niet dat aan de voorwaarden is voldaan om het beding te vernietigen. Het beding blijkt bij toetsing aan artikel 6:237 sub l BW namelijk niet onredelijke bezwarend en Alex heeft een redelijke mogelijkheid gekregen om kennis te nemen van de algemene voorwaarden. De conclusie moet dan ook luiden: 'Het beding is niet vernietigbaar op grond van artikel 6:233 BW.'

Artikel 6:248 lid 2 BW bepaalt echter:

> 'Een tussen partijen als gevolg van de overeenkomst geldende regel is niet van toepassing, voor zover dit in de gegeven omstandigheden naar maatstaven van redelijkheid en billijkheid onaanvaardbaar zou zijn.'

De ontleding van dit wetsartikel kan als volgt:

Rechtsgevolg: een beding in algemene voorwaarden (= geldende regel) is niet van toepassing
Voorwaarden:

- beding is in de gegeven omstandigheden
- naar maatstaven van redelijkheid en billijkheid
- onaanvaardbaar.

Deze nevenanalyse betekent voor de opbouw het volgende:

Beding is vernietigbaar:

- beding is onredelijk bezwarend:
  - wederpartij is consument;
  - opzegtermijn is langer dan drie maanden; of
  - opzegtermijn wederpartij is langer dan opzegtermijn gebruiker;
- geen redelijke mogelijkheid om kennis te nemen van algemene voorwaarden:
  - wederpartij
  - heeft voor of bij sluiten overeenkomst
  - algemene voorwaarden ontvangen.

Deelconclusie: beding niet vernietigbaar op grond van artikel 6:233 BW.

Beding wordt niet toegepast:

- beding is in de gegeven omstandigheden
- naar maatstaven van redelijkheid en billijkheid
- onaanvaardbaar.

Conclusie: beding wordt niet toegepast op grond van artikel 6:248 lid 2 BW.

Opdrachten

14 Lees casus V 'De bruidsjurk' (par. 7.5).

- **a** Ontleed de gegeven artikelen.
- **b** Bepaal de juiste volgorde waarin u deze artikelen in een betoog zult behandelen.

15 Lees casus VI 'De autogordel' (par. 7.5).

- **a** Ontleed de wetsartikelen in rechtsgevolg en voorwaarden.
- **b** Bepaal de juiste volgorde waarin u de argumenten van Rutger Pier en de wetsartikelen zult behandelen.
- **c** Waarom hoeft u in dit geval de voorwaarden van artikel 59 RVV 1990 niet te toetsen?

16 Lees casus VII 'Het computerspel' (par. 7.5).
Schrijf de gevraagde korte notitie. Hanteer hierbij het onderstaande stappenplan:

1. Ontleed het wetsartikel.
2. Bepaal welke casusgegevens daarbij relevant zijn voor uw betoog.
3. Bepaal de volgorde waarin u de argumenten zult behandelen.
4. Schrijf het betoog.

7.5 Casus

Casus I 'McOntslag'

Rechtbank Leeuwarden 20 januari 2010, LJN: BL0363

Uitspraak
RECHTBANK LEEUWARDEN
Sector kanton
Locatie Heerenveen
zaak-/rolnummer: 296404 \ CV EXPL 09-5675
vonnis van de kantonrechter d.d. 20 januari 2010

inzake

[werkneemster],
hierna te noemen: [werkneemster],
wonende te [woonplaats],
eiseres,
procederende met toevoeging,
gemachtigde: mr. B. de Haan,

tegen

de vennootschap onder firma V.O.F. MAJA, h.o.d.n. McDonald's Restaurant Lemmer,

gevestigd te Lemmer,
en haar vennoten:
[vennoot 1],
en
[vennoot 2],
beiden wonende te [woonplaats],
gedaagden,
hierna te noemen: McDonald's,
gemachtigde: mr. F. Huisman.

Procesverloop

1. Ingevolge het tussenvonnis van 28 oktober 2009 is op 3 december 2009 een comparitie gehouden. Hiervan is procesverbaal opgemaakt.
Vervolgens is wederom vonnis bepaald op de stukken, waarvan de inhoud als hier ingelast geldt.

Motivering

De verdere beoordeling van het geschil

2. Als gesteld en erkend, dan wel als niet of onvoldoende weersproken, alsmede op grond van de in zoverre onbetwiste inhoud der overgelegde producties staat het volgende vast.

2.1. [werkneemster] is op 5 september 2008 bij McDonald's in dienst getreden in de functie van medewerker Fastfood WML tegen een salaris van € 8,24 bruto per uur, exclusief 8% vakantietoeslag en eventuele overige toeslagen. De arbeidsovereenkomst is laatstelijk voor bepaalde tijd verlengd tot 4 september 2009.

2.2. In "McDonald's huisregels" staat onder de kop "Verboden; bij niet naleven kan ontslag volgen" onder meer vermeld: Geef geen producten weg aan vrienden, familie en/of collega's. Dit geldt ook voor producten die moeten worden weggegooid.".

2.3. [werkneemster] is op 30 maart 2009 op staande voet ontslagen wegens – zo blijkt uit de ontslagbrief – "het weggeven van een product wat niet besteld was door een collega die op pauze ging".

3. [werkneemster] vordert – gelet op de door haar gemachtigde ter comparitie gegeven toelichting – vijf maanden salaris inclusief vakantietoeslag, zijnde in totaal € 4.265,47 bruto, te vermeerderen met wettelijke rente. Volgens [werkneemster] is er geen sprake van een dringende reden die ontslag op staande voet rechtvaardigt. [werkneemster] stelt dat haar collega bij haar een hamburger had besteld met de mededeling "Maak hem maar zo voedzaam mogelijk; doe er maar een plakje kaas op.". [werkneemster] heeft aan dit verzoek voldaan omdat ze dit haar collega niet durfde te weigeren. Voorts stelt [werkneemster] dat zij niet wist of haar collega voor een hamburger of een cheeseburger betaald had, aangezien zij niet met haar collega heeft afgerekend.

4. McDonald's heeft aangevoerd dat er – alle omstandigheden van het geval in ogenschouw nemend en de wederzijdse belangen tegen elkaar afwegend – sprake is van een dringende reden die het ontslag op staande voet rechtvaardigt. [werkneemster] heeft de door McDonald's opgestelde en gehanteerde huisregels overtreden. Een collega van [werkneemster] heeft een (gewone) hamburger besteld en betaald. Aan deze hamburger is een plakje kaas toegevoegd, waardoor er geen sprake meer is van een hamburger maar van een cheeseburger; dit is een duurder product. Deze huisregels worden strikt toegepast en bij niet-naleving wordt conform de huisregels gehandeld. Volgens McDonald's is de objectieve reden voor het ontslag gelegen in het ontvreemden van eigendommen van de werkgever. De subjectieve reden is gelegen in het feit dat van McDonald's niet kon worden gevergd het dienstverband met [werkneemster] voort te zetten na het incident. McDonald's heeft ter onderbouwing van haar standpunt enige jurisprudentie in het geding gebracht. Voorts heeft McDonald's er op gewezen dat [werkneemster] herhaaldelijk te laat op het werk verscheen en dat [werkneemster] in een eerder stadium is aangesproken op het nuttigen van friet op de werkvloer.

5. De kantonrechter oordeelt als volgt.
In de huisregels van McDonald's staat vermeld dat bij het niet naleven van de daar genoemde verboden ontslag kan volgen. Eén van die regels is het weggeven van producten aan vrienden, familie of collega's. Vast staat dat [werkneemster] een plakje kaas heeft weggegeven aan een collega. Dit betekent echter niet dat er daarmee direct sprake is van een dringende reden en dat de enige te

treffen maatregel het geven van ontslag op staande voet is. Gelijk de huisregels vermelden kan ontslag volgen. Anders dan McDonald's kennelijk meent, dient voor de beoordeling van het handelen van [werkneemster] te worden gekeken naar de gang van zaken, waarbij de exacte gang van zaken niet eens bepalend is. In dat kader acht de kantonrechter onder meer van belang dat onweersproken is gesteld dat het initiatief voor het weggeven van het plakje kaas niet is uitgegaan van [werkneemster], maar van haar collega. Voorts acht de kantonrechter van belang dat niet aannemelijk is geworden dat [werkneemster] de bedoeling had om te handelen in strijd met de huisregels of enige andere regel. Zo heeft ze niet heimelijk gehandeld, maar heeft zij de hamburger/cheeseburger verpakt in een cheeseburgerverpakking en deze willen overhandigen aan haar collega. Daarbij komt dat McDonald's [werkneemster] ook niet in de gelegenheid heeft gesteld een toelichting te geven op haar handelen. De heer [vennoot 1] heeft in dat kader ter gelegenheid van de comparitie verklaard dat hij geen idee had waarom [werkneemster] er een cheeseburger van had gemaakt. Voorts dient te worden meegewogen dat – hoewel de waarde niet doorslaggevend is – het hier wel slechts gaat om een plakje kaas, waardoor er sprake was van een geringe stijging van de verkoopwaarde van de hamburger. Tot slot acht de kantonrechter van belang dat McDonald's kennelijk met twee maten meet, nu zij de bewuste collega niet op staande voet heeft ontslagen. Dat zulks het gevolg is van het feit dat de manager heeft ingrepen voordat de collega de hamburger/cheeseburger in ontvangst nam, acht de kantonrechter een weinig plausibele reden. Gelet op alle omstandigheden van het geval was het daadwerkelijk geven van een ontslag op staande voet naar het oordeel van de kantonrechter een te vergaande maatregel. Ontslag op staande voet dient een ultimum remedium te zijn. Dat McDonald's hier niet had kunnen volstaan met een minder zware sanctie, zoals een schriftelijke waarschuwing, is niet gebleken. Dat [werkneemster] reeds eerder was gewaarschuwd wegens te laat komen en wegens het eten van friet op de werkvloer maakt het bovenstaande niet anders, te meer nu het hier gaat om algemene en veiligheidsregels en niet om "verboden" gedragingen.

6. Nu McDonald's de vordering van [werkneemster] voor het overige niet heeft betwist, acht de kantonrechter deze toewijsbaar, met dien verstande dat de gevorderde rente zal worden toegewezen als na te melden.

7. McDonald's zal als de in het ongelijk te stellen partij worden verwezen in de proceskosten.

Beslissing

De kantonrechter:

veroordeelt McDonald's tot betaling aan [werkneemster] van een bedrag groot € 4.265,47 (zegge: vierduizendtweehonderdvijfenzestig euro en 47 cent), te vermeerderen met de wettelijke rente over € 812,47 vanaf 1 mei 2009 tot 1 juni 2009, over € 1.624,94 vanaf 1 juni 2009 tot 1 juli 2009, over € 2.437,41 vanaf 1 juli 2009 tot 1 augustus 2009, over € 3.249,88 vanaf 1 augustus 2009 tot 30 september 2009 en over € 4.062,35 vanaf 30 september 2009 tot aan de dag der algehele voldoening;

veroordeelt McDonald's in de kosten van deze procedure, tot op heden aan de zijde van [werkneemster] begroot op € 400,-- wegens salaris en op € 293,98 wegens verschotten, waarvan te voldoen aan de Rechtbank Leeuwarden:

€ 156,-- wegens in debet gesteld griffierecht;

€ 85,98 wegens explootkosten;

€ 400,-- wegens salaris gemachtigde.

verklaart dit vonnis uitvoerbaar bij voorraad;

wijst af het meer of anders gevorderde

Aldus gewezen door mr. J.C.G. Leijten, kantonrechter, en uitgesproken ter openbare terechtzitting van 20 januari 2010 in tegenwoordigheid van de griffier.

Casus II 'De poster'

Droedelen is een van de weinige tv-genieke sporten die nog op amateurbasis wordt uitgeoefend. Tiger Vorky is de superster van droedelclub ZIOC uit Amsterhoven. Dankzij hem heeft de club driemaal achtereen de landstitel gewonnen. Tiger geniet een grote mate van populariteit door zijn attractieve wijze van spelen. Dat hij parttime als jurist bij de gemeente werkt, is bij weinigen bekend. Sponsors staan voor hem in de rij, omdat hij de ideale schoonzoon-uitstraling heeft. Bovendien is hij een graag geziene gast om (tegen vergoeding) op te draven in allerlei talkshows vanwege zijn vlotte babbel en gevatte opmerkingen.

Het weekblad *Bellevue* uit Spaarnestad besteedt in een van haar uitgaven aandacht aan het fenomeen door het plaatsen van een pikante foto van een ontblote Tiger op de totale oppervlakte van de twee middenpagina's, gevolgd door een kort artikel 'Kassa voor amateurs'. Op het omslag van de uitgave in week 24 prijkt een verkleinde afbeelding van Tiger met de tekst 'Aan de muur en in het veld' en 'Wij zijn in ieder geval klaar voor een nieuwe vedette en U ook, met de poster op pagina 54'.

Tiger baalt als een stekker als hij van de actie van *Bellevue* verneemt. Er is hem helemaal niet om toestemming gevraagd om zijn foto aan het publiek te tonen, laat staan dat hij ervoor is betaald! *Bellevue* lift mee op het succes van Tiger en probeert op die manier een (gratis) slaatje uit zijn populariteit te slaan. Het artikel heeft nauwelijks met hem te maken (slechts één alinea) en de poster is duidelijk bedoeld als verzamelobject, omdat er geen enkele tekst op aanwezig is. Nu *Bellevue*, in de ogen van Tiger, commercieel gebruikmaakt van zijn populariteit, vindt hij dat het blad daarvoor dient te betalen.

Als hij contact opneemt met *Bellevue*, krijgt Tiger te horen dat hij niet zo moet zeuren. Hij verdient al genoeg aan allerlei commerciële activiteiten (in het artikel wordt gerept over ruim twee ton in het afgelopen jaar) en bovendien wordt zijn populariteit door dit soort acties alleen maar vergroot. Daarnaast moet Tiger zich geen illusie maken over een eventuele rechtszaak, omdat er nog zoiets is als pers- en publicatievrijheid en *Bellevue* zelf de foto heeft laten maken, zodat zij de auteursrechthebbende is aan wie het openbaarmakingsrecht toekomt. In de ogen van *Bellevue* heeft Tiger dus helemaal geen redelijk belang om van *Bellevue* geld te verlangen voor de gepubliceerde poster.

Tiger laat het er niet bij zitten en wendt zich tot het advocatenkantoor Wind van Panters & Hulas met het verzoek *Bellevue* aan te pakken. Als stagiair(e) krijgt u de opdracht uit te zoeken of Tiger wel degelijk een redelijk belang heeft om zich tegen de publicatie te verzetten.

Gegevens

Artikel 21 Auteurswet (Aw):

> 'Is een portret vervaardigd zonder daartoe strekkende opdracht, den maker door of vanwege den geportretteerde, of te diens behoeve, gegeven, dan is openbaarmaking daarvan door dengene, wien het auteursrecht daarop toekomt, niet geoorloofd, voor zoover een redelijk belang van den geportretteerde of, na zijn overlijden, van een zijner nabestaanden zich tegen de openbaarmaking verzet.'

Casus III 'Jay Zie'

Jay Zie is al jarenlang verslaafd aan drank en drugs. De stichting 'Heb geloof door geloof' weet Jay liefdevol op te vangen en langzamerhand verlegt Jay zijn voorliefde voor de genotsmiddelen naar de religieuze zingeving. Steeds fanatieker legt Jay zich toe op het ware geloof en de uitdraging daarvan. Daarbij komt het meer dan eens tot een woordenwisseling met zijn moeder, omdat Jay van mening is dat zij niet op de juiste wijze leeft. Volgens Jay is alle ellende die hij heeft ondervonden het gevolg van het gedrag van zijn moeder.
Op een kwade dag meent Jay een opdracht te hebben ontvangen van boven dat hij aan de ellende een einde kan maken door zijn moeder te offeren en van haar huid een jas te maken. Hij slijpt hiertoe een koksmes en gaat daarbij met een grote hamer naar de woning van zijn moeder om zijn opdracht uit te voeren. Daar aangekomen heeft hij gewacht tot het moment waarop hij haar snel, met de bedoeling dat zij minimaal zou lijden, kon doden. Vervolgens heeft hij haar verschillende malen met de hamer op het hoofd geslagen en haar keel doorgesneden. Door het opgelopen letsel en het bloedverlies overlijdt de moeder vrijwel direct. Nog dezelfde dag wordt Jay gearresteerd.
Tijdens het onderzoek in het Pieter Baan Centrum stellen de deskundigen vast dat Jay aan een schizoaffectieve stoornis lijdt. Door deze stoornis is Jay steeds meer terechtgekomen in een religieuze en grootheidsfantastische waanwereld waarin hij hallucinatoire opdrachten kreeg die uiteindelijk hebben geleid tot het ombrengen van zijn moeder. Zijn psychotische overtuigingen en belevingen

waren niet meer vatbaar voor enige realiteitstoetsing. Van enig vermogen tot het maken van een afweging was geen sprake meer aldus de deskundigen. Zij beschouwen Jay dan ook voor het doden van zijn moeder als ontoerekeningsvatbaar.

Gegevens
Artikel 39 Sr:

> 'Niet strafbaar is hij die een feit begaat, dat hem wegens de gebrekkige ontwikkeling of ziekelijke stoornis van zijn geestvermogens niet kan worden toegerekend.'

Casus IV 'De bovenwoning'

Vanochtend ontving mr. Alex Eekwie de zoon van de heer en mevrouw Slankendal. Afgelopen zondag vierden zijn ouders het heugelijke feit dat ze al 40 jaar getrouwd zijn. Wat een feestdag had moeten zijn, is echter behoorlijk beïnvloed (zeg maar verziekt) door de brief van 25 mei jl. van de bovenburen. De bovenburen, eigenaren van het hele pand, hebben namelijk de huurovereenkomst van de benedenwoning van zijn ouders opgezegd per 1 september 2009. Zijn ouders, beiden 72 jaar oud, waren behoorlijk ontdaan en konden over niets anders praten dan dat zij de woning, waar zij sinds hun trouwen al woonden, zouden moeten verlaten. Ze zijn verknocht aan de buurt en iedereen in de buurt kent zijn ouders. Zo werkt zijn vader nog regelmatig als leesopa op de basisschool om de hoek.

Gegevens
Artikel 7:274 lid 1 sub c BW:

> '1. De rechter kan de vordering slechts toewijzen
> (...)
> c. indien de verhuurder aannemelijk maakt dat hij het verhuurde zo dringend nodig heeft voor eigen gebruik, (...), dat van hem, de belangen van

beide partijen (...) naar billijkheid in aanmerking genomen, niet kan worden gevergd dat de huurovereenkomst wordt verlengd, en tevens blijkt dat de huurder ander passende woonruimte kan verkrijgen.'

Huurrecht, Tekst & Commentaar, red. R.A. Dozy & J.L.R.A. Huydecoper, Deventer: Kluwer 2003:

'7. Belangenafweging (lid 1 sub c). Eenmaal gegeven dat er dringend eigen gebruik aan de kant van de verhuurder is en dat de huurder over andere passende woonruimte kan beschikken, moet door belangenafweging worden vastgesteld of 'niet kan worden gevergd dat de huurovereenkomst wordt verlengd'. Duidelijk is, dat de belangen van de verhuurder moeten prevaleren, wil er beëindiging kunnen volgen. (...) In de praktijk wordt het belang van de partijen meestal niet gekwantificeerd, en stelt de rechter alleen vast of het belang van de verhuurder prevaleert, of dat van de huurder. Intussen ligt, als eenmaal vastgesteld is dat de verhuurder een dringend belang bij eigen gebruik heeft èn dat de huurder andere passende woonruimte kan verkrijgen, een belangenoverwicht aan de kant van de verhuurder wel enigszins voor de hand; maar bij zwaarwegende belangen aan de kant van de huurder (bijvoorbeeld gevorderde leeftijd, zwakke gezondheid, langdurige geworteldheid) kan het toch anders uitpakken. (...)'

Casus V 'De bruidsjurk'

Wendy is in de zevende hemel. Niet alleen is de liefde tussen haar en Xander bekroond met een wolk van een zoon, maar Xander heeft haar knielend op een bed van rozenblaadjes ten huwelijk gevraagd.
Nog dezelfde week is ze met haar moeder een trouwjurk gaan uitzoeken bij een bekende bruidswinkel. Uiteindelijk vindt Wendy de jurk van haar dromen en bijpassende schoenen. De jurk moet hier en daar wel vermaakt worden, maar dat levert geen enkel probleem op, want de huwelijksdatum is pas over vijf maanden. Iedereen blij, helemaal als blijkt dat Wendy maar € 50 hoeft aan te betalen. Zij stopt het bonnetje, met op de achterzijde de algemene voorwaarden, in haar tas en neemt afscheid met de woorden: 'Tot over vier maanden.'

Helaas voor Wendy wordt dat iets eerder. Haar Xander bleek andere ideeën erop na te houden over begrippen als 'eeuwige liefde' en 'ik blijf je trouw' door Wendy in te ruilen voor een andere vrouw. Iedereen in haar omgeving is verrast. Niemand had dit zien aankomen. Het ging toch perfect?
De bruiloft waarnaar Wendy zo verlangde is nu van de baan en een trouwjurk is wel het laatste waar ze behoefte aan heeft. Bovendien heeft ze daar ook helemaal geen geld meer voor nu ze in haar eentje voor de kleine en het inkomen moet zorgen. De aardige mevrouw van de bruidswinkel zou het vast wel begrijpen dat ze door deze voor haar geheel onvoorziene omstandigheid af zou zien van de bruidsjurk. Zeker als ze nog niet met het vermaken van de jurk is begonnen.
Jammer genoeg voor Wendy denkt de aardige mevrouw er heel anders over. Ze vindt het heel erg voor Wendy dat ze in de steek is gelaten en dat het zo onvoorzien was, maar het risico voor het niet doorgaan van een huwelijk is voor de klant. Anders kan ze haar winkel wel sluiten, want het komt toch iets te vaak voor dat tussen het kopen van de jurk en de huwelijksplechtigheden de relatie strandt.
Gedesillusioneerd door zoveel onbegrip verlaat Wendy de winkel. Zij kan het toch ook niet helpen? Wie voorziet nu zoiets?

Je werkt op het advocatenkantoor De Brauw, Zwartsteen en Oostrok en dit kantoor werkt onder andere voor de bruidswinkel. Er wordt aan jou gevraagd een notitie te schrijven waaruit blijkt dat Wendy de koopsom dient te betalen, omdat haar geen beroep op onvoorziene omstandigheden toekomt. Je begint alvast met enkele voorbereidende werkzaamheden.

Gegevens

U mag uitgaan van het volgende:

- Er is een koopovereenkomst gesloten.
- Wendy schiet tekort in de nakoming van haar verbintenis.
- De algemene voorwaarden zijn haar correct ter hand gesteld.

Artikel 6:258 BW:

'1. De rechter kan op verlangen van een der partijen de gevolgen van een overeenkomst wijzigen of deze geheel of gedeeltelijk ontbinden op grond van onvoorziene omstandigheden welke van dien aard zijn dat de wederpartij naar maatstaven van redelijkheid en billijkheid ongewijzigde instandhouding van de overeenkomst niet mag verwachten. Aan de wijziging of ontbinding kan terugwerkende kracht worden verleend.
2. Een wijziging of ontbinding wordt niet uitgesproken, voor zover de omstandigheden krachtens de aard van de overeenkomst of de in het verkeer geldende opvattingen voor rekening komen van degene die zich erop beroept.'

Algemene voorwaarden:

'Artikel 6
1. Annulering van huwelijk om wat voor reden komt in beginsel geheel voor rekening en risico van de consument, en ontslaat hem geenszins van zijn aangegane verplichtingen voortvloeiende uit de koopovereenkomst jegens de ondernemer.
2. Echter uitzonderlijke en/of onvoorziene omstandigheden (bijv. overlijden van één van de aanstaande echtelieden) door de consument aannemelijk te maken kunnen een uitzondering op deze regel rechtvaardigen.'

Casus VI 'De autogordel'

Om het ongemak van een steeds uit de kom schietend sleutelbeen uit de wereld te helpen, laat profvoetballer Rutger Pier zich op 2 september 2008 hieraan opereren. De operatie heeft het beoogde effect, alleen het litteken blijft erg gevoelig. Vooral bij het autorijden als hij een autogordel draagt, heeft hij er veel last van.
Als Rutger op 11 oktober 2008 over de Provinciale weg N209 te Schoondam, op weg naar zijn voetbalclub, zijn BMW Z4 met één hand bestuurt, constateert een politieagente dat hij zonder gordel rijdt. Op de vraag van de agente waarom

hij geen gordel draagt, terwijl die wel aanwezig is, antwoordt Ruger: 'In het belang van een snelle revalidatie wil ik het litteken niet verder irriteren.'
Twee weken later ontvangt hij van het Centraal Justitieel Incasso Bureau een beschikking waarin hem een administratieve sanctie van € 75 is opgelegd voor het 'als bestuurder of passagier geen gebruik maken van een autogordel'.
Rutger ervaart deze boete als zeer onrechtvaardig. Dat hij geen autogordel droeg, klopt wel, maar daarvoor had hij nu net een goed excuus. Vanwege het litteken was het voor hem te pijnlijk om een gordel te dragen. Onder die omstandigheden valt, aldus Rutger, een boete niet te billijken.
Bovendien herinnert Rutger zich een uitzending van 'Man bijt hond' waarin een man, die zijn hond niet had aangelijnd omdat het dier door een gezwel in de nek daarvan pijn ondervond, geen sanctie werd opgelegd. Rutger meent dat in zijn geval zeker sprake is van een vergelijkbaar geval, als het al niet ernstiger is, zodat ook om deze reden geen aanleiding is voor die boete.
Ruim binnen de tijd (18 november) dient Rutger dan ook een beroepschrift om bovenstaande redenen in bij de officier van justitie van de Centrale Verwerking Openbaar Ministerie, Unit Mulder te Utrecht.

In het kader van uw stage vraagt uw stagebegeleider bij de Unit Mulder u om dit beroepschrift te beoordelen en vervolgens in een notitie deugdelijk te motiveren waarom het beroep van Rutger Pier ongegrond verklaard dient te worden. U begint alvast met enkele voorbereidende werkzaamheden.

Gegevens

Artikel 149 Wegenverkeerswet 1994:

> '(...)
> 2. In afwijking van het eerste lid kan door Onze Minister ontheffing worden verleend van het gebruik van autogordels en kinderbeveiligingsmiddelen. (...)'

Artikel 59 Reglement verkeersregels en verkeerstekens 1990 (RVV 1990):

> '1. Bestuurders van een motorvoertuig of een bromfiets en hun passagiers maken gebruik van de voor hen beschikbare autogordel.
> (...)'

Artikel 92 RVV 1990:

> '1. Overtreding van de artikelen 3 tot en met 12, 14 tot en met 27, 30, eerste lid, 31 tot en met 43, 45, 46, 49 tot en met 61b, 62, met uitzondering van verkeersbord C22 van bijlage 1, 68, zesde lid, 74, tweede lid, 82, 82a, 83 en 86b is een strafbaar feit.
> (...)'

Casus VII 'Het computerspel'

Mark, Job en Geert spelen fanatiek het onlinecomputerspel 'Society'. Miljoenen spelers, onlinegamers, over de hele wereld doen hieraan mee. 'Society' speelt zich af in een virtuele wereld waarin spelers met karakters kunnen deelnemen aan die virtuele wereld. Spelers kunnen onder meer opdrachten ('quests') vervullen, tegen andere spelers vechten en andere activiteiten ontplooien. Hiervoor kunnen ze onder andere 'items', zoals een visum, examen of een vonnis, verkrijgen. Deze 'items', virtuele goederen, vertegenwoordigen voor een speler veel waarde, want hoe meer 'items' een speler heeft, hoe sterker hij is in het spel. Daarnaast komt het soms voor dat spelers geld betalen om een 'item' van een andere speler te kopen.
Geert weet dat hij veel bezit en verandert daarom bijna iedere twee dagen zijn wachtwoord om te verkomen dat iemand dat achterhaalt en hem hackt. Mark is zeer jaloers op Geert, omdat die door een stom toeval in het spel veel rijker is geworden dan Mark. Mark vraagt een paar keer aan Geert om wat spullen (virtuele goederen), maar die wil niet meewerken. Nu Geert veel 'items' bezit en dus heel sterk is, is hij bijna niet meer te verslaan.

Mark en Job spreken daarom af om het spel een extra dimensie te geven door het buiten de virtuele wereld te halen. Na schooltijd geven zij Geert enkele klappen en nemen hem naar de woning van Mark. Daar aangekomen wordt Geert achter de computer gezet en onder bedreiging van een groot en dik vleesmes op zijn borst wordt hem 'vriendelijk' verzocht een aantal 'items' over te dragen. In eerste instantie weigert Geert, maar nadat Mark zijn keel heeft dichtgeknepen, geeft Geert toe en verplaatst hij een aantal examens en vonnissen naar de accounts van Mark en Job. Geert is nu danig zwakker geworden in het spel, omdat hij niet meer zijn examens en vonnissen kan inzetten.
Hevig ontdaan komt Geert thuis en vertelt aan zijn moeder wat hem is overkomen. Die schakelt direct de politie in en Mark en Job mogen op het politiebureau komen vertellen wat er is gebeurd. In eerste instantie ontkennen beide jongens alles, maar nadat de politie aangeeft dat zij er niets van gelooft en dat beiden een nachtje mogen blijven slapen, geeft Job toe dat hij samen met Mark Geert heeft geslagen en bedreigd.
De officier van justitie wil het liefst diefstal met geweld of bedreiging ten laste leggen, maar vraagt zich af of er sprake is van diefstal.

Toevallig loopt u net stage bij het OM. Jouw praktijkbegeleider vraagt u dit uit te zoeken en voor de officier van justitie een notitie op te stellen.
Schrijf deze notitie met voetnoten en een begeleidend memo waarin u concludeert dat er sprake is van diefstal.

Maak hierbij gebruik van de bijgevoegde gegevens.

Gegevens

Artikel 310 Sr:

> 'Hij die enig goed dat geheel of ten dele aan een ander toebehoort wegneemt, met het oogmerk om het zich wederrechtelijk toe te eigenen, wordt, als schuldig aan diefstal, gestraft met (...)'

C.P.M. Cleiren & J.F. Nijboer, *Tekst & Commentaar Strafrecht*, Deventer: Kluwer 2004.

Artikel 310, aantekening 8:

'a Wegnemen
Beslissend voor "wegneming" is dat het goed aan de feitelijke heerschappij van de rechthebbende wordt onttrokken (HR 13 december 1977, *NJ* 1978, 593; HR 2 december 1986, *NJ* 1987, 589). Van "verplaatsing", zoals de MvT eist, hoeft geen sprake te zijn (Smidt II, p. 487; H.A. Demeersseman, *De autonomie van het materiële strafrecht*, 1985, p. 89-91). Een klassiek voorbeeld is het zich als eigenaar van een koe voordoen en het dier bij afwezigheid van de ware eigenaar verkopen (Rb. Leeuwarden 10 december 1919, *NJ* 1920, p. 187). Ook het onttrekken van gas of elektriciteit wordt in de rechtspraak als "wegnemen" aangemerkt (zie hierna, onder b).

b Enig goed
Het voorwerp van diefstal is een goed dat geheel of ten dele aan een ander toebehoort. Gaandeweg zijn naast stoffelijke voorwerpen in de rechtspraak ook onstoffelijke, zoals elektrische energie (HR 23 mei 1921, *NJ* 1921, 564) en giraal geld (HR 11 mei 1982, *NJ* 1982, 583 – een verduisteringszaak) als "enig goed" aangemerkt. Ook voorwerpen die geen economische waarde hebben kunnen een "goed" zijn in de zin van dit artikel. Beslissend is dat het goed voor de bezitter waarde heeft (*NLR*, suppl. 139, aant. 4 bij art. 310).
(...)

c Aan een ander toebehoren
"Toebehoren" in de zin van art. 310 valt niet geheel samen met de civielrechtelijke eigendom (al is dit doorgaans wel het geval). Andere gevallen van zeggenschap over een object kunnen ook "toebehoren" opleveren (HR 25 juni 1946, *NJ* 1946, 503). Voor een geval dat geld uit een automaat werd weggenomen nadat de benadeelde zijn pincode en een geldbedrag had ingetoetst, heeft de Hoge Raad beslist dat dit "wegnemen" in de zin van art. 310 oplevert en dat dat geld op het moment van wegname "toebehoor-

de" aan die gedupeerde en niet aan de bank (HR 28 april 1992, *NJ* 1992, 657). In HR 9 juli 2002, *NJ* 2002, 499 is beslist dat diefstal van een reeds eerder door een ander gestolen goed onder art. 310 valt. Het doet niet ter zake of het desbetreffende goed zich ten tijde van het wegnemen in de beschikkingsmacht van de eigenaar of andere rechthebbende bevond dan wel van een ander die het aan de rechthebbende had onttrokken.

d Oogmerk van wederrechtelijke toe-eigening
"Toe-eigenen" veronderstelt niet noodzakelijk bewaren of in bezit houden. Het zich tijdelijk de heerschappij over het goed van een ander verschaffen, kan bijvoorbeeld onder omstandigheden "oogmerk van toe-eigening" daarvan opleveren (HR 3 november 1964, *NJ* 1965, 120). De bedoeling om toe te eigenen staat centraal. Vandaar dat het zeer tijdelijk gebruik van een motorrijtuig zonder die bedoeling, maar tegen de wil van de eigenaar (de zogenaamde furtum usus), door de wetgever afzonderlijk strafbaar is gesteld in art. 11 WVW 1994 (joy-riding). Ook indien het gebruik van het voertuig niet als oogmerk van toe-eigening kan worden opgevat, kan evenwel de verdenking wegens diefstal van benzine een grond voor opsporing respectievelijk vervolging zijn. Voor het gebruiken van een fiets gaat dit niet op, maar blijft opsporing/vervolging wegens art. 350 (wegmaken) mogelijk ingeval de dader het rijwiel wederrechtelijk gebruikt om het vervolgens op een voor de eigenaar onbekende plaats achter te laten (HR 31 mei 1960, *NJ* 1960, 488). Van een oogmerk van wederrechtelijke toe-eigening kan geen sprake zijn wanneer de dader rechtmatige gronden heeft te veronderstellen dat hij zijn eigen zaak wegneemt. Hetzelfde geldt wanneer het om een goed gaat dat aan niemand toebehoort (res nullius) en ingeval van toestemming van de rechthebbende om het goed weg te nemen (*NLR*, suppl. 139, aant. 6 bij art. 310).'

Antwoorden bij de opdrachten

1 Het zoeken in de wettenbundel

1 Voorbeeld publiekrecht: strafrecht, bestuursrecht of staatsrecht. Bij deze rechtsgebieden worden de rechtsbetrekkingen tussen burgers en de overheid en tussen overheidsorganen onderling geregeld.
Voorbeeld privaatrecht: personen- en familierecht, erfrecht, goederenrecht, contractenrecht. Het privaatrecht regelt de verhoudingen tussen burgers onderling.

2
- **a** K.
- **b** Sr.
- **c** WVW 1994.
- **d** Rv.
- **e** Wet RO.
- **f** Wro.

3 Datum bekrachtiging: 28 januari 1971. Citeertitel: Wet op de ondernemingsraden, zie artikel 54 lid 1 van de wet.

4 Artikel 60 van de Wet wapens en munitie.

5
- **a** Burgerlijk Wetboek, Wetboek van Strafrecht, Wetboek van Strafvordering.
- **b** Titels, afdelingen, paragrafen en artikelen.
- **c** Deze wet is slechts opgebouwd uit artikelen.

6 Boek 1 Personen- en familierecht, Boek 2 Rechtspersonen, Boek 3 Vermogensrecht in het algemeen, Boek 4 Erfrecht, Boek 5 Zakelijke Rechten, Boek 6 Algemeen gedeelte van het verbintenissenrecht, Boek 7 Bijzondere overeenkomsten, Boek 7A Bijzondere overeenkomsten, vervolg, Boek 8 Verkeersmiddelen en vervoer.

7 **a** Artikel 6:162 BW of artikel 6:162 Burgerlijk Wetboek.
b Artikel 685 Boek 7 BW.

8 Boek 7: Bijzondere overeenkomsten (derde laag), Boek 6: Algemeen gedeelte van het verbintenissenrecht (tweede laag, algemene regels over de overeenkomst) en Boek 3: Vermogensrecht in het algemeen (eerste laag).

9 Een werkgever mag geen concurrentiebeding afsluiten met een minderjarige. Artikel 7:653 lid 1 is een bijzondere bepaling (specialis); deze gaat voor de algemene bepaling van artikel 7:612 BW (generalis).

10 **a** Het artikel is een schakelbepaling: de leden 1 en 2 van artikel 48 (van Boek 6) worden van overeenkomstige toepassing verklaard.
b In dit artikel worden bepalingen omtrent hoofdelijke verbintenissen (artikel 6:6 e.v. BW) van toepassing verklaard op borgtocht.

11 **a** Hoofdstuk 6 bevat Algemene bepalingen over bezwaar en beroep, hoofdstuk 7 bevat Bijzondere bepalingen over bezwaar en administratief beroep en hoofdstuk 8 bevat Bijzondere bepalingen over beroep bij de rechtbank.
b De docent heeft het over artikel twee van hoofdstuk vier Awb, juiste citeerwijze: artikel 4:2 Awb.

12 Het artikel is een schakelbepaling: hoofdstuk 6 en de Titels 8.2 en 8.3 van de Awb worden, voor zover nodig, van overeenkomstige toepassing verklaard.

13 **a** Artikel 4.1 Wm of artikel 4.1 Wet Milieubeheer.
b Artikel 74 Gw of artikel 74 Grondwet.
c Artikel 4:1 BW of artikel 4:1 Burgerlijk Wetboek.
d Artikel 180 Sr of artikel 180 Wetboek van Strafrecht.
e Artikel 3:7 Awb of artikel 3:7 Algemene wet bestuursrecht.

14 **a** Via het alfabetische register achter in de wettenbundel zoeken op arbeidsovereenkomst. Via het register komt u uit op: arbeidsovereenkomst, gelijke behandeling mannen en vrouwen, artikel 7:646 BW.

b Via de inhoudsopgave van het Burgerlijk Wetboek, Boek 1 Personen- en familierecht, Titel 9 Ontbinding van het huwelijk, Afdeling 1, artikel 149 e.v. BW.

15 **a** Artikel 237 Sr.

b Artikel 242 Sr.

c Artikel 296 Sr.

d Artikel 287 Sr.

16 **a** Artikel 6:179 BW.

b Artikel 6:169 BW.

c Artikel 41 lid 2 Sr.

d Artikel 6:74 BW.

17 **a** Artikel 3:3 BW. In lid 1 staat welke zaken onroerend zijn en in lid 2 welke zaken roerend zijn, zoeken via trefwoordenregister.

b Meerderjarig, zie artikel 1:233 BW, een weduwe is gehuwd geweest, via register zoeken op 'minderjarigheid'.

c In Hoofdstuk 2, paragrafen 1 en 2, systematisch zoeken via inhoudsopgave.

d Neen dat mag niet, zie artikeltekst: 'Geen godsdienstige plechtigheden zullen mogen plaats hebben…'

e Artikel 1:378 BW, zoeken via trefwoordenregister.

f Degene wiens belang rechtstreeks bij een besluit is betrokken, zie artikel 1:2 lid 1 Awb, zoeken via trefwoordenregister op belanghebbende of systematisch zoeken via inhoudsopgave.

g Artikel 127 Gw, zoeken via trefwoordenregister.

h Artikel 7:685 lid 1 BW, zoeken via trefwoordenregister op ontbinding arbeidsovereenkomst of systematisch zoeken via inhoudsopgave.

i Artikel 7:658 lid 1 BW, zoeken via trefwoordenregister op arbeidsovereenkomst, bijzondere verplichtingen werkgever of systematisch zoeken via inhoudsopgave.

18 a Een overtreding, het artikel staat in Titel I van het Derde Boek Overtredingen.

b Een misdrijf, het artikel staat in Titel XVI van het Tweede Boek Misdrijven.

19 a Een misdrijf, zie artikel 178 lid 1 jo. artikel 176 lid 3 WVW 1994.

b Een misdrijf, zie artikel 56 jo. artikel 55 lid 1 WWM.

c Een overtreding, zie artikel 72 jo. artikel 68 lid 3 AWR.

d Misdrijven, zie artikel 2 lid 5 WED.

2 Het analyseren van wetsartikelen

1 a Artikel 3:11 BW
Rechtsgevolg: goede trouw ontbreekt

b Artikel 8:72 lid 7BW
Rechtsgevolg: bestuursorgaan verbeurt een dwangsom

c Artikel 96c Sv
Rechtsgevolg: een plaats bevoegd doorzoeken

d Artikel 5:8 lid 1 BW
Rechtsgevolg: de burgemeester is bevoegd de in bewaring gegeven zaak (haar) te verkopen

2 De eisen die artikel 3:33 BW stelt aan de wil zijn:

- De wil moet op een rechtsgevolg gericht zijn.
- De wil moet door verklaring zijn geopenbaard.

3 Artikel 2:6 lid 2 Awb stelt als voorwaarden:

- Gebruik van die andere taal is doelmatiger.
- De belangen van derden worden daardoor niet onevenredig geschaad.

Of:

- de belangen van derden
- worden door het gebruik van die andere taal
- niet onevenredig geschaad.

4 In artikel 46b Sr is sprake van twee rechtsgevolgen. Namelijk:

1. Er is geen sprake van voorbereiding.
2. Er is geen sprake van poging.

5 Artikel 8:1 Awb geeft twee voorwaarden:

1. Een belanghebbende.
2. Een besluit.

Artikel 7:1 Awb geeft de derde voorwaarde:

3. Eerst bezwaar maken.

6 **a** Artikel 7:1 BW

- Ene partij verbindt zich tot het geven van een zaak.
- Andere partij verbindt zich tot het betalen van een prijs in geld voor die zaak.

Of:

- ene partij
- verbindt zich
- tot het geven
- van een zaak
- andere partij
- verbindt zich
- tot het betalen
- van een prijs in geld
- voor die zaak.

b Artikel 238 Sr

- de ongehuwde
- gaat een huwelijk aan
- verzwijgt

- opzettelijk
- aan de wederpartij
- dat daartegen (tegen dat huwelijk) een wettig beletsel bestaat
- de nietigheid van het huwelijk wordt uitgesproken
- op grond van dat wettig beletsel.

c Artikel 1:1 lid 1 sub a Awb
- een orgaan
- van een rechtspersoon
- deze rechtspersoon is krachtens publiekrecht ingesteld.

7 Rechtsgevolg: er is sprake van een verdachte
Voorwaarden:
- voordat vervolging is aangevangen (mag weggelaten worden omdat de volgende voorwaarden eigenlijk altijd gelden)
- uit feiten en omstandigheden
- vloeit voort een redelijk vermoeden van schuld
- aan enig strafbaar feit.

8 a Artikel 10 Sr
- Gevangenisstraf is levenslang.
- Gevangenisstraf is tijdelijk.

b Artikel 6:6 Awb
- Er is niet voldaan aan artikel 6:5 Awb.
- Er is niet voldaan aan enig ander bij de wet gesteld vereiste (voor het in behandeling nemen van het bezwaar of beroep).
- Het bezwaar- of beroepschrift is geheel of gedeeltelijk geweigerd op grond van artikel 2:15 Awb.

c Artikel 3:49 BW
- Door een buitengerechtelijke verklaring.
- Door een rechterlijke uitspraak.

d Artikel 67a lid 2 onder 2 Sv

Er moet ernstig rekening worden gehouden met:

- Misdrijf waarop een gevangenisstraf staat van zes jaar of meer.
- Misdrijf waardoor de veiligheid van de staat in gevaar kan worden gebracht.
- Misdrijf waardoor de gezondheid in gevaar kan worden gebracht.
- Misdrijf waardoor de veiligheid van personen in gevaar kan worden gebracht.
- Misdrijf waardoor algemeen gevaar voor goederen kan ontstaan.

9 De alternatieve voorwaarde die artikel 54 Sv biedt, is dat er vier categorieën van personen zijn die bevoegd zijn om een verdachte aan te houden.

10 **a** Artikel 174a lid 1 Gemeentewet

Rechtsgevolg: de burgemeester kan tot sluiten besluiten

Voorwaarden:

- een *woning*, een niet voor publiek toegankelijk *lokaal* of een bij die woning of dat lokaal behorend *erf* (vier alternatieven)
- door gedragingen in de woning of (nog drie alternatieven)
- de openbare orde rond de woning of (nog drie alternatieven)
- wordt verstoord.

b Artikel 284 lid 1 sub 1 Sr

Rechtsgevolg: er is dwang (iemand wordt gestraft met ...)

Voorwaarden:

- dwingt een ander
- door geweld of enige andere feitelijkheid of door bedreiging met geweld of door bedreiging met enige andere feitelijkheid (vier alternatieven)
- gericht tegen een ander of gericht tegen derden (twee alternatieven)
- wederrechtelijk
- iets te doen of niet te doen of te dulden (drie alternatieven).

c Artikel 5:101 lid 1 BW
Rechtsgevolg: er is opstal
Voorwaarden:
- zakelijk recht;
- in, op of boven een onroerende zaak (drie alternatieven);
- die onroerende zaak is van een ander;
- gebouwen, werken of beplantingen (drie alternatieven);
- in eigendom te hebben of te verkrijgen (twee alternatieven).

11 Artikel 5:71 lid 1 BW geeft als voorwaarden:
- verplichting
- om op, boven of onder een der beide erven (drie alternatieven)
- iets te dulden of niet te doen (twee alternatieven).

12 Artikel 67a geeft een limitatieve opsomming. Dat valt op te maken uit het woord 'slechts'.

13 De rechter mag iemand tot beide tegelijkertijd veroordelen. In artikel 9 lid 3 Sr is namelijk bepaald dat als iemand tot een gevangenisstraf is veroordeeld de rechter tevens een boete kan opleggen.

14 Het rechtsgevolg is: de producent is niet aansprakelijk voor de schade veroorzaakt door een gebrek in zijn product.

15 Artikel 6:186 lid 1 sub c BW geeft vier voorwaarden:
1. Het product is niet voor de verkoop vervaardigd.
2. Het product is niet voor enige andere vorm van verspreiding met een economisch doel van de producent vervaardigd.
3. Het product is niet vervaardigd in het kader van de uitoefening van zijn beroep (zijn = producent).
4. Het product is niet verspreid in het kader van de uitoefening van zijn beroep.

16 Er is sprake van een alternatieve opsomming.

17 Artikel 6:75 BW

Rechtsgevolg: de tekortkoming wordt de schuldenaar niet toegerekend

Voorwaarden: de tekortkoming is:

- niet te wijten aan zijn schuld (zijn = van de schuldenaar);
- komt niet krachtens de wet voor zijn rekening;
- komt niet krachtens een rechtshandeling voor zijn rekening;
- komt niet krachtens de in het verkeer geldende opvattingen voor zijn rekening.

18 Voor de schuldenaar zijn deze voorwaarden cumulatief. Hoewel de woorden 'noch' en 'of' duiden op alternatief, werken de voorwaarden cumulatief, vanwege het woord 'niet'. Het moet vier keer 'niet' zijn. Bij één keer 'wel' treedt het rechtsgevolg 'niet toegerekend' namelijk niet in.

19 De vier voorwaarden van artikel 6:162 lid 1 BW zijn:

1. Er is sprake van een onrechtmatige daad.
2. Die onrechtmatige daad kan worden toegerekend.
3. Er is schade.
4. En die schade is een gevolg van die onrechtmatige daad.

20 In lid 3 wordt de voorwaarde 'toerekenen' nader uitgewerkt.

21 Deze voorwaarden werken cumulatief voor de dader. Als hij wil dat het rechtsgevolg (toerekenen) niet intreedt, dan mag niet aan een van die voorwaarden worden voldaan. Als dat namelijk wel gebeurt, treedt het rechtsgevolg in en dat wil de dader nu juist niet.

22 Op grond van de volgende wetsartikelen:

- De verdachte wordt nader ingevuld in artikel 27 Sv.
- De gevallen worden nader ingevuld in artikel 67 Sv.
- De gronden worden nader ingevuld in artikel 67a Sv.

23 De volgende vier groepen van gevallen worden in artikel 67 Sv genoemd:

1. Lid 1 sub a: misdrijven waarop gevangenisstraf staat van vier jaar of meer.
2. Lid 1 sub b: benoemde misdrijven in Wetboek van Strafrecht.
3. Lid 1 sub c: benoemde misdrijven in overige wetgeving.
4. Lid 2: verdachte waarvan geen vaste woon- of verblijfplaats in Nederland kan worden vastgesteld.

24 Artikel 6:186 lid 1 BW geeft als voorwaarden:

- het product biedt niet de veiligheid
- die men van het product mag verwachten.

(Wat daarna komt is een nadere invulling van wat men van de veiligheid van het product mag verwachten.)

25 De vier alternatieven om bezit te verschaffen zijn:

1. Artikel 3:114 BW.
2. Artikel 3:115 sub a BW.
3. Artikel 3:115 sub b BW.
4. Artikel 3:115 sub c BW.

26 Artikel 6:54 BW geeft drie alternatieven waardoor er toch geen bevoegdheid tot opschorting bestaat:

1. Er sprake is van schuldeisersverzuim.
2. De nakoming van de verbintenis van de wederpartij is blijvend onmogelijk.
3. Er is geen beslag toegelaten op de vordering van de wederpartij.

27
- **a** Uit artikel 69 Vreemdelingenwet 2000 blijkt dat de bezwaartermijn, in afwijking van artikel 6:7 Awb, vier weken bedraagt.
- **b** Uit artikel 6:11 Awb blijkt dat niet-ontvankelijkverklaring achterwege blijft als redelijkerwijs niet kan worden geoordeeld dat de indiener in verzuim is geweest (verschoonbare termijnoverschrijding).

28 Daarvoor dient u te kijken in Titel VIII A, bijzondere bepalingen voor jeugdige personen.

- **a** Uit artikel 77a Sr blijkt dat de artikelen 9 lid 1 en 10 Sr niet van toepassing zijn bij minderjarigen. In die artikelen staat de gevangenisstraf omschreven. Of uit artikel 77g Sr blijkt dat in plaats van de op een feit gestelde straffen andere straffen opgelegd worden. Of uit artikel 77h Sr blijkt dat de hoofdstraffen zijn: jeugddetentie, taakstraf of geldboete.
- **b** Artikel 77b Sr geeft drie alternatieven waardoor er toch een gevangenisstraf opgelegd kan worden ingeval de dader 16 of 17 jaar is:
  1. De ernst van het begane feit.
  2. De persoonlijkheid van de dader.
  3. De omstandigheden waaronder het feit is begaan.

3 Het oplossen van een casus

1 Belangrijke feiten:

- Henk en Rinus (de afpersers) bieden Joris (eigenaar van de ijssalon) aan zijn zaak te beschermen tegen betaling van € 200 beschermgeld (15 juli).
- Joris weigert dit en Rinus roept hem na 'Je komt er nog wel achter'.
- De zaak wordt overvallen (22 juli) en vervolgens wordt Joris bedreigd met nog meer eventuele ongelukken.
- Joris gaat akkoord met het betalen van € 200 beschermgeld aan Henk en Rinus.
- Joris betaalt beschermgeld (1 augustus), een maand later niet (1 september).
- Joris heeft aangifte gedaan van afpersing bij de politie.

Onbelangrijke feiten: Alles over Joris' ontslag, opleiding, de prijs van een bolletje ijs enzovoort.

2 **a**
- Rechtsgebied: Strafrecht.
- Wet: Wetboek van Strafrecht.
- Rechtsregel: artikel 289 Sr.

Kijk in het register van de wettenbundel bij 'moord' en u ziet dat u onder andere wordt verwezen naar artikel 289 Sr. Lezing van dit artikel leert u dat dit artikel van toepassing is op de casus.

b
- Rechtsgebied: Bestuursrecht.
- Wet: Algemene wet bestuursrecht.
- Rechtsregel: artikel 6:5 lid 1 Awb.

Kijk in het register van de wettenbundel bij 'bezwaar' en u ziet dat u onder andere wordt verwezen naar artikel 6:1 Awb en verder. Lezing van die artikelen leert u dat artikel 6:5 lid 1 Awb van toepassing is.

c
- Rechtsgebied: Privaatrecht.
- Wet: Burgerlijk Wetboek Boek 6.
- Rechtsregel: artikel 6:169 lid 1 BW.

Kijk in het register van de wettenbundel bij 'aansprakelijkheid voor kinderen' en u ziet dat u wordt verwezen naar artikel 6:169 BW. Lezing van dit artikel leert u dat artikel 6:169 lid 1 van toepassing is.

3 **a** Artikel 8:1 lid 1 Awb
Rechtsgevolg: beroep kan worden ingesteld bij de rechtbank
Voorwaarden:
- door een belanghebbende;
- tegen een besluit.

b Artikel 2:12 lid 2 Awb
Rechtsgevolg: in de Friese taal wordt genotuleerd
Voorwaarde: hetgeen in de Friese taal is gezegd.

c Artikel 53 lid 1 Sv
Rechtsgevolg: een ieder is bevoegd aan te houden
Voorwaarden:
- een verdachte;
- in geval van ontdekking op heeterdaad.

d Artikel 1:31 lid 1 en 2 BW
Rechtsgevolg: een huwelijk mag worden aangegaan als
Voorwaarden:
- man en vrouw de leeftijd van achttien jaren hebben bereikt (lid 1);
- of wanneer zij die met elkander een huwelijk willen aangaan de leeftijd van zestien jaren hebben bereikt en de vrouw een verklaring van een arts overlegt dat zij zwanger is, dan wel haar kind reeds ter wereld heeft gebracht (lid 2).

e Artikel 1:149 BW
Rechtsgevolg: het huwelijk eindigt
Voorwaarden (samengevat):
- door de dood (sub a);
- (geparafraseerd) door de voltrekking van het huwelijk van de partner van een vermiste die vermoedelijk overleden is, dan wel overleden verklaard is (sub b);
- door echtscheiding (sub c);
- door ontbinding van het huwelijk na scheiding van tafel en bed (sub d);
- door omzetting van een huwelijk in een geregistreerd partnerschap (sub e).

f Artikel 4:2 Awb
Rechtsgevolg: een aanvraag tot het geven van een beschikking is geldig als de aanvraag
Voorwaarden:
- ondertekend is (lid 1);
- de naam en het adres van de aanvrager bevat (lid 1 sub a);
- de dagtekening bevat (lid 1 sub b);

- een aanduiding van de beschikking die wordt gevraagd bevat (lid 1 sub c);
- en verder bevat: de gegevens en bescheiden die voor de beslissing op de aanvraag nodig zijn en waarover hij redelijkerwijs de beschikking kan krijgen (lid 2).

g Artikel 6:219 lid 1 BW
Rechtsgevolg: een aanbod kan worden herroepen
Voorwaarden:

- tenzij het een termijn voor de aanvaarding inhoudt;
- of de onherroepelijkheid ervan op andere wijze uit het aanbod volgt.

4 **a** Artikel 461 Sr (verboden toegang voor onbevoegden)
Rechtsgevolg: bestraft met een geldboete van de eerste categorie wordt hij die
Voorwaarden:

- zonder daartoe gerechtigd te zijn
- zich op eens anders grond
- waarvan door de rechthebbende
- de toegang hem op blijkbare wijze is verboden
- bevindt.

Met de eerste voorwaarde 'zonder daartoe gerechtigd te zijn' wordt bedoeld: zonder toestemming. Met de tweede 'zich op eens anders grond' wordt bijvoorbeeld een tuin, weiland of pad bedoeld. Met 'de rechthebbende' in de derde voorwaarde wordt bijvoorbeeld de eigenaar, huurder of pachter bedoeld. Met 'de toegang hem op blijkbare wijze is verboden' wordt bedoeld dat de toegang hem bijvoorbeeld door middel van een verbodsbord ('Verboden toegang, art. 461 Wetb.v.Strafr.') of door een mondelinge of schriftelijke mededeling is verboden. Met de laatste voorwaarde 'bevindt' wordt bijvoorbeeld bedoeld: er zitten, lopen, slapen of vee laat lopen.

b Artikel 53 lid 1 Sv (aanhouding bij heterdaad)
Rechtsgevolg: ieder is bevoegd aan te houden
Voorwaarden:
- een verdachte;
- in geval van ontdekking op heterdaad.

Wat is nu een 'verdachte'? Dit kunt u vinden in de wet. Wanneer u in het register zoekt op het woord 'verdachte', wordt u verwezen naar artikel 27 Sv, waar in lid 1 een definitie van het begrip verdachte wordt gegeven: 'degene te wiens aanzien uit feiten of omstandigheden een redelijk vermoeden van schuld aan eenig strafbaar feit voortvloeit' Wat 'ontdekking op heeterdaad' inhoudt, staat eveneens in de wet. Wanneer u zoekt op 'heterdaad', wordt u onder andere verwezen naar artikel 128 Sv, waarin staat: 'Ontdekking op heeter daad heeft plaats, wanneer het strafbare feit ontdekt wordt, terwijl het begaan wordt of terstond nadat het begaan is' (lid 1) en 'Het geval van ontdekking op heeter daad wordt niet langer aanwezig geacht dan kort na het feit dier ontdekking' (lid 2).
(Wat nu precies wordt bedoeld met 'terstond nadat het begaan is' en met 'kort na het feit dier ontdekking' (lid 2) kunt u niet weten. In de jurisprudentie (maar dat hoeft u hier niet te weten) is bepaald dat hiermee wordt bedoeld dat er ook sprake is van ontdekking op heterdaad wanneer de achtervolging zonder onderbreking heeft voortgeduurd.)

c Artikel 5:13 lid 1 BW (schatvinding)
Rechtsgevolg: een schat komt voor gelijke delen toe
Voorwaarden:
- aan degene die hem ontdekt
- en aan de eigenaar
- van de onroerende of roerende zaak
- waarin de schat wordt aangetroffen.

Met 'aan degene die hem ontdekt' wordt natuurlijk de vinder van de schat bedoeld. Wat een 'eigenaar' is, staat niet expliciet in de wet, maar kan worden afgeleid uit de omschrijving die de wet geeft van 'eigendom'. Hieruit valt af te leiden dat met 'eigenaar' de persoon wordt bedoeld 'die het meest omvattende recht dat een persoon op een zaak kan hebben' heeft (art. 5:1 lid 1 BW). Met een 'onroerende zaak' wordt bedoeld: 'de grond, de nog niet gewonnen delfstoffen, de met de grond verenigde beplantingen, alsmede de gebouwen en werken die duurzaam met de grond zijn verenigd, hetzij rechtstreeks, hetzij door vereniging met andere gebouwen of werken' (art. 3:3 lid 1 BW). Met een 'roerende zaak' wordt bedoeld: 'alle zaken die niet onroerend zijn' (art. 3:3 lid 2 BW), dus bijvoorbeeld een kast of een auto of iets dergelijks. Met de 'schat' wordt bedoeld: 'een zaak van waarde, die zolang verborgen is geweest dat daardoor de eigenaar niet meer kan worden opgespoord' (art. 5:13 lid 2 BW).

5 Uitwerking vijfstappenplan van casus 'De gelukkige moeder'

Casusvraag: Zal moeder Anneke onder curatele kunnen worden gesteld?

Stap 1: Het selecteren van de feiten

- Belangrijke feiten: Anneke, 60 jaar oud, een rijke weduwe uit het Gooi is, sinds ze een relatie met Micha is begonnen, bezig veel geld uit te geven. Jan en Latoya zijn de twee meerderjarige kinderen van Anneke en haar overleden man Gerrit. Bij testament is bepaald dat bij overlijden het gehele vermogen naar de langstlevende gaat. Jan en Latoya kunnen hun deel niet opeisen.
- Onbelangrijke feiten: de leeftijd, studie, beroepen en werkgevers van de kinderen Jan en Latoya.

Stap 2: Het selecteren van de rechtsregel(s)

- Rechtsgebied: Privaatrecht, en wel personen- en familierecht.
- Wet: Burgerlijk Wetboek Boek 1.
- Rechtsregel(s): artikel 1:378 lid 1 BW.

U vindt dit artikel door in het register van de wettenbundel het woord 'Curatele' te zoeken. U wordt hier verwezen naar artikel 1:378 BW en verder. Lezing van de artikelen leert u dat in artikel 1:378 lid 1 BW de vereisten van curatele worden opgesomd.

Stap 3: Het ontleden in voorwaarden en rechtsgevolg

Artikel 1:378 lid 1 BW

Rechtsgevolg: door de kantonrechter kan onder curatele worden gesteld

Voorwaarden:

- een meerderjarige;
- wegens een geestelijke stoornis, waardoor de gestoorde, al dan niet met tussenpozen, niet in staat is of bemoeilijkt wordt zijn belangen behoorlijk waar te nemen (sub a);
- wegens verkwisting (sub b);
- of wegens gewoonte van drankmisbruik, waardoor hij zijn belangen niet behoorlijk waarneemt (sub 1) of in het openbaar herhaaldelijk aanstoot geeft (sub 2) of eigen veiligheid of die van anderen in gevaar brengt (sub 3) (sub c).

Stap 4: Het interpreteren van de voorwaarden

Wat is een 'meerderjarige'? Wanneer u in het register van de wettenbundel zoekt op 'meerderjarig' of 'meerderjarigheid' vindt u niets. U moet dus zoeken op 'minderjarigheid' en wordt verwezen naar artikel 1:233 BW. Uit dit artikel kan a contrario worden opgemaakt dat van een 'meerderjarige' sprake is wanneer de persoon 18 jaar of ouder is, gehuwd of geregistreerd is (als geregistreerd partner) dan wel gehuwd of geregistreerd is geweest ofwel door de rechter meerderjarig is verklaard (art. 1:233 BW).

Van een 'geestelijke stoornis' is sprake 'wanneer de gestoorde, al dan niet met tussenpozen, niet in staat is of bemoeilijkt wordt zijn belangen behoorlijk waar te nemen' (art. 1:378 lid 1 sub a BW).

De term 'verkwisting' wordt nergens uitgelegd in de wet en zult u logisch moeten beredeneren, bijvoorbeeld: van verkwisting is sprake wanneer de persoon overmatig geld uitgeeft.

Van 'drankmisbruik' is sprake wanneer de persoon op grond hiervan 'zijn belangen niet behoorlijk waarneemt of in het openbaar herhaaldelijk aanstoot geeft of eigen veiligheid of die van anderen in gevaar brengt' (art. 1:378 lid 1 sub c BW).

Stap 5: De oplossing: het toepassen van de rechtsregel(s) op de feiten
Op de casusvraag of Anneke onder curatele kan worden gesteld, is artikel 1:378 lid 1 BW van toepassing.
Als eerste voorwaarde voor ondercuratelestelling stelt artikel 1:378 lid 1 BW dat Anneke 'meerderjarig' moet zijn. Op grond van artikel 1:233 BW zijn dat onder meer personen van 18 jaar en ouder. Anneke is dat, want zij is immers 60 jaar oud. Daarnaast stelt artikel 1:378 lid 1 BW als voorwaarde voor ondercuratelestelling dat er tevens moet zijn voldaan aan een van de voorwaarden 'geestelijke stoornis', 'verkwisting' of 'drankmisbruik'. Van een geestelijke stoornis of drankmisbruik is bij Anneke geen sprake, maar mogelijk wel van verkwisting. De vraag staat centraal of het gedrag van Anneke als 'verkwisting' kan worden beschouwd. Hier is geen eenduidig antwoord op mogelijk: is het schenken van een BMW-cabriolet aan de partner 'verkwisting'? De wet geeft daar geen duidelijke uitleg over. Daarvoor is jurisprudentie nodig.
De vraag of Anneke onder curatele kan worden gesteld, kan dus zowel positief als negatief beantwoord worden (mits het antwoord beargumenteerd wordt).

6 Uitwerking vijfstappenplan casus 'De hond uitlaten'.

Casusvraag: kan Dirk veroordeeld worden voor zware mishandeling?

Stap 1: Het selecteren van de feiten

- Belangrijke feiten: Dirk geeft de zwerver een slag op zijn slaap en vervolgens nog eens drie vuistslagen op zijn hoofd en drie schoppen in zijn maag. De zwerver ligt met bebloed hoofd en een gebroken jukbeen op de grond en houdt blijvend hersenletsel over aan de vuistslagen op zijn hoofd.
- Onbelangrijke feiten: de hond heeft wandelend echtpaar aangevallen, schade kapotte broek, enzovoort.

Stap 2: Het selecteren van de rechtsregel(s)

- Rechtsgebied: Strafrecht.
- Wet: Wetboek van Strafrecht.
- Rechtsregel(s): artikel 302 lid 1 Sr (zware mishandeling).

U vindt dit artikel door in het register van de wettenbundel te zoeken onder het woord 'Mishandeling'. U wordt dan doorverwezen naar artikel 300 Sr en verder. Lezing van de artikelen leert u dat in artikel 302 lid 1 Sr het delict zware mishandeling strafbaar wordt gesteld.

Stap 3: Het ontleden in voorwaarden en rechtsgevolg

Artikel 302 lid 1 Sr.

Rechtsgevolg: als schuldig aan zware mishandeling wordt gestraft met gevangenisstraf van ten hoogste acht jaren of geldboete van de v jfde categorie hij die

Voorwaarden:

- aan een ander
- opzettelijk
- zwaar lichamelijk letsel toebrengt.

Stap 4: Het interpreteren van de voorwaarden

Een 'ander' spreekt natuurlijk voor zich. Onder 'opzet' moet worden verstaan 'met de bedoeling', 'willens en wetens'. Voor de interpretatie van 'zwaar lichamelijk letsel' moet worden gekeken in het register van de wettenbundel onder 'Lichamelijk letsel'. U ziet daar staan 'Lichamelijk letsel, zwaar -', en wordt daarachter als eerste doorverwezen naar artikel 82 Sr. Uit artikel 82 lid 1 Sr blijkt dat onder zwaar lichamelijk letsel wordt begrepen 'ziekte die geen uitzicht op volkomen genezing overlaat', 'voortdurende ongeschiktheid tot uitoefening van zijn ambts- of beroepsbezigheden' en 'afdrijving of dood van de vrucht van een vrouw'. Artikel 82 lid 2 Sr voegt hieraan toe: 'storing van de verstandelijke vermogens die langer dan vier weken geduurd heeft'.

Stap 5: De oplossing: het toepassen van de rechtsregel(s) op de feiten

Op de casusvraag of Dirk veroordeeld kan worden voor zware mishandeling is artikel 302 Sr van toepassing.

Als eerste voorwaarde voor zware mishandeling stelt artikel 302 lid 1 Sr dat 'een ander' zwaar lichamelijk letsel moet zijn toegebracht. Die ander is in de casus de zwerver.

Als tweede voorwaarde wordt gesteld dat dit 'opzettelijk' moet zijn gebeurd. Ook dat is van toepassing op de casus, er wordt immers gezegd dat Dirk de zwerver slaat 'met de bedoeling hem uit te schakelen' en hem een 'lesje wil leren'.

Als derde voorwaarde wordt gesteld dat 'zwaar lichamelijk letsel' moet zijn toegebracht. De wet verstaat onder 'zwaar lichamelijk letsel' onder andere 'ziekte die geen uitzicht op volkomen genezing overlaat' (art. 82 lid 1 Sr), en dat is in de casus het geval omdat de zwerver door de toegebrachte vuistslagen van Dirk 'blijvend hersenletsel' heeft overgehouden.

Dirk zal dus veroordeeld worden voor zware mishandeling.

4 Het raadplegen van wetgevingsstukken

1
- **a** De beleidsanalytische toets (BAT): een kritische analyse van beleidsmatige aspecten van een ontwerp aan de hand van de probleembeschrijving, de probleemaanpak en een analyse over de verwachting van de uitvoering.
- **b** De juridische toets: hierbij gaat het om de toetsing aan hoger recht en de inpassing van het voorstel in het bestaande recht.
- **c** De wetstechnische toets: hierbij gaat het om de technische kwaliteit van de regeling en de toelichting, zoals de logische en systematische opbouw, de innerlijke consistentie en de gebruikte terminologie.

Ga naar <www.raadvanstate.nl>, download de *Brochure wetgevingsadviseur*.

2 Het recht van Tweede Kamerleden om op eigen initiatief een wetsvoorstel in te dienen. Dit gebeurt niet zo vaak, omdat er nogal wal specialistische kennis voor nodig is. Een initiatiefwetsvoorstel wordt vrijwel net zo behandeld als een wetsvoorstel van de regering.

Zoek met behulp van een zoekmachine op het internet op 'recht van initiatief', zie: 'Recht van initiatief', <www.tweedekamer.nl>.

3 Het recht van amendement, dat wil zeggen het recht om schriftelijke voorstellen tot wijziging van het wetsvoorstel in te dienen.

4 De minister of de staatssecretaris van Financiën.

5 Beide ministers zijn betrokken bij de totstandkoming en de uitvoering van de wet. Op grond daarvan moeten zij de wet medeondertekenen (het contraseign).

6 De *bekrachtiging* houdt in dat het voorstel van wet, wet wordt door het zetten van handtekeningen door de koningin en de verantwoordelijke minister(s) en/of staatssecretaris(sen). De *bekendmaking* daarna houdt in dat de wet wordt gepubliceerd in het *Staatsblad*. Meestal enige weken na de bekendmaking *treedt de wet in werking* (rechten aan ontlenen en plichten opleggen), zoals in een koninklijk besluit of in de wet zelf is bepaald.

7
- **a** Nr. 2.
- **b** 22 juli 2002.
- **c** 2001-2002.
- **d** Koninklijke Boodschap.
- **e** Regels te stellen voor het verkeer langs elektronische weg tussen burgers en bestuursorganen en bestuursorganen onderling. Dit staat in de Memorie van Toelichting.
- **f** Algemene wet bestuursrecht.
- **g** A.
- **h** Commissie van Justitie.
- **i** 5 november 2002.
- **j** In gewijzigde vorm.
- **k** 17 april 2003.
- **l** 3 februari 2004.
- **m** Van 22 juli 2002 tot 3 februari 2004, dat is 19 maanden.

n *Stb.* 2004, 214, kies voor **Staatsblad**, zoeken in titel op: **wet elektronisch bestuurlijk verkeer**.

o 25 mei 2004, open *Stb.* 2004, 214, zie aan het eind: uitgegeven de vijfentwintigste mei 2004.

p *Stb.* 2004, 260, kies voor **Staatsblad**, zoeken in titel op: **wet elektronisch bestuurlijk verkeer**.

q 1 juli 2004, open *Stb.* 2004, 260 en lees de tekst.

5 Het vaststellen van de bevoegde rechter

1 **a** Absoluut bevoegd is de kantonrechter, omdat het gevorderde bedrag (€ 3000) niet meer dan € 5000 bedraagt (art. 93 sub a Rv).
Relatief bevoegd is de kantonrechter te Hilversum, omdat de rechter van de woonplaats van de gedaagde (Hilversum) in dit geval bevoegd is (art. 99 lid 1 Rv).
Dat er te Hilversum een kantonrechter zetelt, kunt u zien op de 'Kaart gerechtelijke indeling' op Rechtspraak.nl.

b Absoluut bevoegd is de civiele rechter (sector civiel recht), omdat deze alle burgerlijke zaken behandelt (art. 42 Wet RO) die niet aan de kantonrechter zijn toebedeeld. In dit geval is niet de kantonrechter bevoegd omdat het gevorderde bedrag (€ 5500) meer dan € 5000 bedraagt (art. 93 sub a Rv).
Relatief bevoegd is de civiele rechter van de Rechtbank Amsterdam, omdat de rechter van de woonplaats van de gedaagde (Hilversum) in dit geval bevoegd is (art. 99 lid 1 Rv). Hilversum valt onder het arrondissement van de rechtbank Amsterdam, zoals u kunt zien op de 'Kaart gerechtelijke indeling' op Rechtspraak.nl.

2 Absoluut bevoegd is de kantonrechter, gevorderd wordt immers een bedrag lager dan € 5000 (art. 93 lid 1 Rv). Relatief bevoegd zijn in dit geval twee rechters: de kantonrechter te Amersfoort, dit is immers de woonplaats van de gedaagde (art. 99 lid 1 Rv), en medebevoegd is de kantonrechter te Utrecht, dit is immers de plaats waar het schadebrengende feit op grond van onrechtmatige daad zich heeft voorgedaan (art. 102 Rv). De keuze is dus aan de eiser.

3 Absoluut bevoegd is de civiele rechter (sector civiel recht), omdat deze alle burgerlijke zaken behandelt (art. 42 Wet RO) die niet aan de kantonrechter zijn toebedeeld. In dit geval is niet de kantonrechter bevoegd omdat het hier om een vordering van onbepaalde waarde gaat, waarvan aangenomen mag worden dat deze vordering een hogere waarde vertegenwoordigt dan € 5000 (art. 93 sub b Rv). Een nieuwe Audi A5 kost immers veel meer dan € 5000.
De civiele rechter van de Rechtbank Utrecht is relatief bevoegd, omdat de rechter van de woonplaats van de gedaagde (Nieuwegein) in dit geval bevoegd is (art. 99 lid 1 Rv). Nieuwegein valt onder het arrondissement van de Rechtbank Utrecht, zoals u kunt zien op de 'Kaart gerechtelijke indeling' op Rechtspraak.nl.

4 Absoluut bevoegd is de kantonrechter, omdat het gevorderde bedrag (€ 469) niet meer dan € 5000 bedraagt (art. 93 sub a Rv).
Relatief bevoegd zijn in dit geval twee rechters: de kantonrechter te Bergen op Zoom, dit is immers de woonplaats van de gedaagde (art. 99 lid 1 Rv) en medebevoegd is de kantonrechter te Breda, omdat dit de woonplaats is van de natuurlijke persoon (consument) die bij een bedrijf een product heeft gekocht (art. 101 Rv). De keuze is dus aan de eiser.
Zowel in Bergen op Zoom als in Breda zetelt een kantonrechter, zoals u kunt zien op de 'Kaart gerechtelijke indeling' op Rechtspraak.nl.

5 De kantonrechter is in dit geval absoluut bevoegd, omdat het een geschil met betrekking tot een arbeidsovereenkomst (achterstallig loon) betreft (art. 93 sub c Rv).
De kantonrechter van de Rechtbank Den Haag is relatief bevoegd. U kunt dit baseren op artikel 99 lid 1 Rv (woonplaats gedaagde = vestigingsplaats van het ministerie) of op artikel 100 Rv (medebevoegd is de rechter van de plaats waar de arbeid gewoonlijk wordt verricht, Den Haag dus).

6 De kantonrechter is absoluut bevoegd, omdat het een vordering met betrekking tot een huurovereenkomst betreft (art. 93 sub c Rv). De kantonrechter te Amsterdam is relatief bevoegd, omdat in zaken betreffende huur van woonruimte uitsluitend bevoegd is de rechter binnen wiens rechtsgebied het gehuurde is gelegen (art. 103 Rv).

7
a De kantonrechter is absoluut bevoegd, omdat het hier gaat om een vordering beneden € 5000 (art. 93 sub a Rv).

b De kantonrechter van zowel Rotterdam als Amsterdam is bevoegd; de keuze is in dit geval aan de eiser. De kantonrechter van Rotterdam is bevoegd, omdat dit de plaats is waar de gedaagde woont (lees: gevestigd is, het gaat immers om een vennootschap) op grond van artikel 99 lid 1 Rv. De kantonrechter van Amsterdam is bevoegd, omdat het hier gaat om een consumentenovereenkomst en in dat geval is de rechter van de woonplaats van de consument medebevoegd (art. 101 Rv).

c Ja, omdat er sprake is van een vordering boven € 1750 is het vonnis vatbaar voor hoger beroep (art. 332 lid 1 Rv).

d Ja, omdat er in dat geval sprake is van een vordering beneden € 1750 is er geen hoger beroep mogelijk (art. 332 lid 1 Rv).

e Absoluut bevoegd is het gerechtshof, omdat er sprake is van een vordering boven € 1750 (art. 332 lid 1 Rv). Relatief bevoegd is het gerechtshof binnen wiens ressort (rechtsgebied) de rechtbank ligt (art. 60 Wet RO).
In dit geval is dit, afhankelijk van het antwoord op vraag b, het gerechtshof van Den Haag (wanneer de kantonrechter te Rotterdam de zaak heeft behandeld) of het gerechtshof van Amsterdam (wanneer de kantonrechter te Amsterdam de zaak heeft behandeld). Onder welke gerechtshoven de Rechtbank Rotterdam en Amsterdam vallen, kunt u zien op Rechtspraak.nl. Klik in de menubalk bovenaan op **Gerechten**, vervolgens op **Gerechtshoven** en ten slotte, indien nodig, op de kaart bij de plaats van het betreffende gerechtshof op **Naar instantie**, alwaar u ziet welke arrondissementen (rechtsgebieden van de rechtbanken) vallen onder het ressort van het betreffende gerechtshof.

8 **a** De kantonrechter, het betreft immers een zaak over een arbeidsovereenkomst (art. 93 sub c Rv).

b Nee, elk geschil over een arbeidsovereenkomst, ongeacht de hoogte van de vordering, dient in eerste instantie voor de kantonrechter (art. 93 sub c Rv).

c De kantonrechter van zowel Haarlem als Amsterdam is relatief bevoegd. Haarlem is immers de woonplaats van de gedaagde, de heer Visser (art. 99 lid 1 Rv). Medebevoegd is de rechter van de plaats waar de arbeid wordt verricht, in casu de kantonrechter te Amsterdam (art. 100 Rv).

d Absoluut bevoegd is het gerechtshof, de vordering in eerste aanleg bedraagt immers meer dan € 1750 (art. 332 lid 1 Rv).

e Ja, Visser kan in cassatie gaan bij de Hoge Raad (art. 398 lid 1 Rv).

9 **a** De kantonrechter, omdat het hier gaat om een zaak betreffende een huurovereenkomst (art. 93 sub c Rv).

b De kantonrechter te Amsterdam, omdat in het geval van huur van bedrijfsruimte de rechter binnen wiens rechtsgebied het gehuurde is gelegen uitsluitend bevoegd is recht te spreken (art. 103 Rv).

c Rinus kan in hoger beroep. Het door de rechter toegekende bedrag bedraagt weliswaar maar € 1500; bepalend voor de vraag of hoger beroep mogelijk is, is echter of het gevorderde bedrag meer dan € 1750 bedraagt (art. 332 lid 1 Rv). Het gevorderde bedrag is immers € 6000.

10 Absoluut bevoegd is de kantonrechter, omdat het hier een overtreding betreft (art. 382 sub b Sv). Dat het hier om een overtreding gaat, komt u te weten door eerst het betreffende artikel op te zoeken via het register van de wettenbundel (of in een wetgevingsdatabank) op het woord 'vlieger'. U wordt dan verwezen naar artikel 429 sub 5 Sr. Aangezien dit artikel in Boek 3 van het Wetboek van Strafrecht staat ('Overtredingen'), weet u dat het hier om een overtreding gaat.

Relatief bevoegd is de kantonrechter te Den Haag, omdat het feit is begaan binnen het rechtsgebied van het kantongerecht Den Haag (art. 2 lid 1 opsomming 1 Sv) of de kantonrechter te Leiden, omdat de verdachte daar woont (art. 2 lid 1 opsomming 2 Sv). De keuze is aan de officier van justitie. Dat er zowel te Den Haag als Leiden een kantonrechter zetelt, kunt u zien op de 'Kaart gerechtelijke indeling' op Rechtspraak.nl.

11 Absoluut bevoegd is de strafrechter (sector strafrecht), omdat deze alle strafzaken behandelt (art. 45 lid 1 Wet RO) die niet aan de kantonrechter zijn toebedeeld. In dit geval is niet de kantonrechter bevoegd, omdat het strafbare feit geen overtreding is (art. 382 sub b Sv), maar een misdrijf (vernieling, art. 350 Sr, is een misdrijf omdat het strafbaar wordt gesteld in Boek 2 ('Misdrijven') van het Wetboek van Strafrecht).
Relatief bevoegd is de strafrechter (sector strafrecht) van de Rechtbank Groningen, omdat dit zowel de plaats is waar het strafbare feit zich heeft voorgedaan (art. 2 lid 1 opsomming 1 Sv), als de plaats waar de verdachten wonen (art. 2 lid 1 opsomming 2 Sv). Dat er zich te Groningen een rechtbank bevindt, kunt u zien op de 'Kaart gerechtelijke indeling' op Rechtspraak.nl.

12 De kantonrechter is absoluut bevoegd. Stroperij (art. 314 Sr) is weliswaar een misdrijf (en zou dientengevolge tot de absolute competentie van de strafrechter behoren), maar staat uitdrukkelijk genoemd als het enige misdrijf dat door de kantonrechter wordt behandeld in artikel 382 sub a Sv.
Relatief bevoegd is de kantonrechter te Heerenveen, omdat dit zowel de plaats is van de kantonrechter binnen wiens rechtsgebied het strafbare feit zich heeft voorgedaan (art. 2 lid 1 opsomming 1 Sv), als de plaats is van de kantonrechter binnen wiens rechtsgebied de woonplaats van de verdachte valt (art. 2 lid 1 opsomming 2 Sv). Dat er te Heerenveen een kantonrechter zetelt, kunt u zien op de 'Kaart gerechtelijke indeling' op Rechtspraak.nl. Wanneer u doorklikt op **Ga naar de betreffende instantie**, ziet u dat de gemeente Weststellingwerf valt onder het rechtsgebied van de kantonrechter te Heerenveen (en niet onder dat van de kantonrechter te Sneek).

13 De strafrechter (sector strafrecht) is absoluut bevoegd, omdat deze alle strafzaken behandelt (art. 45 lid 1 Wet RO) die niet aan de kantonrechter zijn toebedeeld. De kantonrechter behandelt alle overtredingen, behalve onder meer welke bedoeld zijn in artikel 11 lid 1 Opiumwet (art. 382 sub b sub 3 Sv). In artikel 11 lid 1 Opiumwet wordt het in strijd handelen met artikel 3 Opiumwet strafbaar gesteld. In dit geval is dus niet de kantonrechter, maar de strafrechter bevoegd.

14 De kantonrechter is absoluut bevoegd, beroepszaken tegen parkeerboetes worden immers door de kantonrechter behandeld (art. 382 sub b sub 2 Sv). Relatief bevoegd is de kantonrechter te Den Bosch, omdat dit zowel de plaats is waar het strafbare feit zich heeft voorgedaan (art. 2 lid 1 opsomming 1 Sv), als de plaats is van de kantonrechter binnen wiens rechtsgebied de woonplaats van de verdachte valt (art. 2 lid 1 opsomming 2 Sv). Dat er zich te Den Bosch een rechtbank (met uiteraard een sector kanton) bevindt, kunt u zien op de 'Kaart gerechtelijke indeling' op Rechtspraak.nl. Wanneer u doorklikt op **Ga naar de betreffende instantie**, ziet u dat de gemeente Vught valt onder het rechtsgebied van de rechtbank te Den Bosch.

15
- **a** De strafrechter (sector strafrecht), omdat deze alle strafzaken behandelt (art. 45 lid 1 Wet RO) die niet aan de kantonrechter zijn toebedeeld. De kantonrechter behandelt overtredingen, dus behandelt de strafrechter misdrijven. Vernieling is een misdrijf (art. 170 Sr) omdat het in Boek 2 ('Misdrijven') van het Wetboek van Strafrecht staat.
- **b** Ja, bij het gerechtshof. Vernieling is een misdrijf, en op grond van artikel 404 lid 1 Sv staat tegen vonnissen betreffende misdrijven altijd hoger beroep open.
- **c** Ja, bij de Hoge Raad. Op grond van artikel 427 lid 1 Sv staat beroep in cassatie open tegen arresten van de gerechtshoven betreffende misdrijven.

16
- **a** De kantonrechter (sector kanton), omdat naaktrecreatie (art. 430 sub a Sr) en burengerucht (art. 431 Sr) overtredingen zijn. Zij staan immers in Boek 3 ('Overtredingen') van het Wetboek van Strafrecht. Overtredingen worden behandeld door de kantonrechter (art. 382 sub b Sv).
- **b** Ja, bij het gerechtshof. Hoger beroep kan worden ingesteld bij het gerechtshof tegen vonnissen betreffende overtredingen, op voorwaarde dat de opgelegde geldboetes gezamenlijk meer dan € 50 bedragen (art. 404 lid 2 sub b Sv). In dit geval is immers sprake van een gezamenlijke geldboete van € 100.

c Nee, beroep in cassatie kan weliswaar ingesteld worden tegen uitspraken van de gerechtshoven betreffende overtredingen, behalve wanneer de geldboete of de gezamenlijke geldboetes het bedrag van € 250 niet overschrijden (427 lid 2 sub b Sv). Het bedrag van de gezamenlijk geldboetes beloopt hier € 200 dus is cassatie niet mogelijk.

17 a Tijs moet eerst een bezwaarschrift indienen bij het bestuursorgaan dat het besluit heeft genomen (art. 6:4 lid 1 Awb), in dit geval dus bij de gemeente Alkmaar.

b Absoluut bevoegd is de bestuursrechter van de rechtbank (art. 8:1 lid 1 Awb) van de plaats waar het bestuursorgaan zijn zetel heeft (art. 8:7 lid 1 Awb), in dit geval is dat dus de bestuursrechter te Alkmaar.

18 Absoluut bevoegd is de bestuursrechter van de rechtbank (art. 8:1 lid 1 Awb). Relatief bevoegd is de bestuursrechter van de Rechtbank Dordrecht. Het betreft hier immers een besluit van een centraal bestuursorgaan en in dat geval is de rechter van de woonplaats van de indiener van het beroepsschrift bevoegd (art. 8:7 lid 2 Awb).

19 De Afdeling bestuursrechtspraak van de Raad van State, omdat het hier om een besluit op grond van de Wet milieubeheer gaat (art. 20.1 lid 1 Wet milieubeheer).

20 Bij de Afdeling bestuursrechtspraak van de Raad van State (art. 37 lid 1 Wet RvS).

21 a Absoluut bevoegd is de bestuursrechter van de rechtbank (art. 8:1 lid1 Awb). Relatief bevoegd is de bestuursrechter van de Rechtbank Alkmaar. Het gaat hier immers om een zaak van een centraal bestuursorgaan (het UWV WERKbedrijf) en in dat geval is de rechter van de woonplaats van de indiener van het beroepsschrift relatief bevoegd (art. 8:7 lid 2 Awb).

b U kunt hoger beroep instellen bij de Centrale Raad van Beroep omdat het hier een uitspraak van de rechtbank betreft inzake een besluit dat genomen is op grond van de Werkloosheidswet (art. 18 lid 2 Beroepswet jo. Bijlage C onder 4).

6 Het lezen van vonnissen en arresten

1 De onbewerkte tekst, sinds 1999 veelal afkomstig van Rechtspraak.nl, wordt door de diverse redacties van jurisprudentietijdschriften bewerkt vóór publicatie in de diverse tijdschriften en opname in de databanken. Deze bewerking betekent een meerwaarde en daarvoor moet worden betaald.

2 Een uitspraak van de rechtbank in een verzoekschriftenprocedure heet een beschikking.

3 **a** Deze uitspraak heeft een landelijk jurisprudentienummer gekregen, dat is een uniek nummer dat wordt toegekend aan uitspraken die worden gepubliceerd op Rechtspraak.nl. Deze uitspraak is dus ook, maar dan onbewerkt, op Rechtspraak.nl te vinden.

b De teksten te vinden onder de kopjes: Wetingang, Essentie en Samenvatting.

c Eiser is Stichting Allee Wonen te Roosendaal. Gedaagde is de huurder van een woning van de Stichting.

d De kantonrechter is absoluut bevoegd in deze zaak recht te spreken, omdat het een geschil over een huurovereenkomst betreft, zie artikel 93 sub c Rv.

e De kantonrechter te Breda is relatief bevoegd in deze zaak recht te spreken, omdat in zaken betreffende huur van woonruimte de rechter binnen wiens rechtsgebied het gehuurde is gelegen uitsluitend bevoegd is, zie artikel 103 Rv. Roosendaal valt onder het arrondissement van de rechtbank Breda, zie <www.rechtspraak.nl>.

f Stankoverlast veroorzaakt door de huurder en de aanwezigheid van 9 kilo hennep en 2 kilo hasj (zie 3.1).

g De eiser vordert (zie 2.1):

- ontbinding van de huurovereenkomst met betrekking tot de woning Meerten Verhoffstraat 51 te Breda;
- veroordeling van gedaagde tot ontruiming van het gehuurde binnen 14 dagen na betekening van het te dezen te wijzen vonnis;
- veroordeling van gedaagde in de proceskosten.

h Standpunt eiser (zie 3.2.1):
Eiser stelt dat gedaagde heeft gehandeld in strijd met zijn verplichtingen op grond van de huurovereenkomst en in strijd met de algemene huurvoorwaarden. De aangetroffen hoeveelheid hennep en hasj, volgens eiser bestemd voor commerciële doeleinden, zorgt voor veel overlast en dat is voldoende reden om de huurovereenkomst te ontbinden. Ook na de inval van de politie op 10 februari 2009 komen er klachten over aanhoudende stankoverlast.
Standpunt gedaagde (3.2.2):
Gedaagde zegt nooit algemene huurvoorwaarden te hebben ontvangen en betwist verder dat hij een bron van overlast voor de buren is geweest. Zeker na de inval van de politie op 10 februari 2009, gedraagt hij zich als een correct huurder. Ontbinding van de overeenkomst is niet mogelijk zegt hij, hij is immers nooit in verzuim gesteld.

i Op artikel 7:213 BW: 'De huurder is verplicht zich ten aanzien van het gebruik van de gehuurde zaak als een goed huurder te gedragen' (zie 3.3).

j Neen. Wil er sprake zijn van een ontbinding rechtvaardigende tekortkoming aan de zijde van gedaagde, dan dienen er in ieder geval bijkomende omstandigheden, zoals handelsactiviteiten, gevaarzetting en/of overlast, aanwezig te zijn (zie 3.3).

k De beslissing van de kantonrechter luidt (zie 4):

- ontbindt de tussen partijen bestaande huurovereenkomst;
- veroordeelt gedaagde om gemeld pand binnen 14 dagen na betekening van dit vonnis met alle daarin aanwezige personen en zaken te verlaten en te ontruimen en ontruimd te laten;
- veroordeelt gedaagde in de proceskosten, tot deze uitspraak begroot op € 769,25 waaronder 400,- als salaris advocaat;
- verklaart dit vonnis tot zover uitvoerbaar bij voorraad;
  wijst af het meer of anders gevorderde.

4 Het gerechtshof te Den Bosch, de rechtbank Breda ligt in het ressort van het gerechtshof Den Bosch, zie <www.rechtspraak.nl>, Gerechten, Kaart gerechtelijke indeling, Gerechtshoven, Gerechtshof 's-Hertogenbosch.

5 **a** De redactie van het jurisprudentietijdschrift *Jurisprudentie Aansprakelijkheid* heeft aan de oorspronkelijke uitspraak een samenvatting en een noot toegevoegd. Daarnaast zijn de volgende gegevens toegevoegd: het publicatienummer (*JA* 2009/94), het *LJN* (BF0003), trefwoorden, de relevante regelgeving, enzovoort.

b Eerste aanleg: eiser: X, gedaagde Y.
Hoger beroep: appellant: X, geïntimeerde Y.
Cassatie: eiser tot cassatie: X, verweerder in cassatie Y.
Het antwoord is te vinden in de conclusie van de A-G bij Procesverloop onder 2.1, 2.4.1 en 2.6.

c De vordering is primair gebaseerd op artikel 7:658 BW en subsidiair op artikel 7:611 BW, zie onder 3. Beoordeling van het middel, 3.2.1.
Artikel 7:658 BW gaat over de 'zorgplicht' van de werkgever en artikel 7:611 BW over de verplichting om zich als goed werkgever en goed werknemer te gedragen.

d Chauffeur X tankt op weg naar Frankrijk diesel voor zijn bestelwagen. Nog op het terrein van het tankstation stapt hij uit om te controleren of hij de tankdop had teruggeplaatst. Bij het uitstappen glijdt hij uit op de treeplank van de bestelwagen en breekt zijn linkerpols. Hij glijdt uit omdat er olie aan de zolen van zijn schoenen kleeft. Hij stelt zijn werkgever aansprakelijk voor de door hem geleden schade, zie Samenvatting of onder 3.1 bij Beoordeling van het middel.

e Dat de kantonrechter ten onrechte heeft geoordeeld dat Y geen enkele invloed kon uitoefenen op de toestand waarin het tankstation verkeerde. Y heeft opdracht gegeven om uitsluitend bij Vollenhoven te tanken, terwijl Y op de hoogte was van de gevaarlijkheid van de tankplaats vanwege regelmatige forse olievervuiling. X stelt dat Y daardoor haar zorgplicht heeft geschonden, Y had immers aan de situatie een einde kunnen maken door de opdracht om daar te tanken in te trekken, zie 3.2.2 bij Beoordeling van het middel.

f Y heeft betwist dat er een opdracht was om te tanken bij Vollenhoven. Verder heeft Y erop gewezen dat X al jaren in dat tankstation kwam en daarom de situatie kende. X had dus extra voorzichtig moeten zijn, zie 3.2.2 bij Beoordeling van het middel.

g De Hoge Raad moet beoordelen of de rechtsopvatting van het hof dat er geen sprake is van een schending van de zorgplicht door de werkgever, als bedoeld in artikel 7:658 BW, juist is. Met andere woorden of het hof artikel 7:658 BW goed heeft uitgelegd, zie 3.4 en 3.5 bij Beoordeling van het middel.

h Onder 3.5 bij Beoordeling van het middel: 'Het oordeel van het hof dat Y, door onder deze omstandigheden haar chauffeurs niet te verbieden nog langer te tanken bij het tankstation van Vollenhoven, geen zorgplicht heeft geschonden tegenover X omdat de gestelde gevaarzetting daartoe te beperkt is, geeft niet blijk van een onjuiste rechtsopvatting.'

i Neen. De Hoge Raad verwerpt het beroep, zie onder 4. Beslissing. De A-G adviseert het bestreden arrest te vernietigen, zie onder Conclusie.

j Artikel 7:611 BW speelt in cassatie geen rol, omdat deze grondslag in feitelijke instanties niet was uitgewerkt. Dat gebrek aan uitwerking komt door het feit dat het ongeval zich niet binnen het verkeer had afgespeeld en dat gedaagde had gesteld, zo te zien niet weersproken, dat aanspraak bestond op een collectieve ongevallenverzekering met een dekking van *ƒ* 100.000. Pas als de werkgever niet een adequate verzekering heeft afgesloten, zo is nu geldende rechtspraak, is de werkgever ex artikel 7:611 BW aansprakelijk voor wat anders voor rekening van een verzekeraar had kunnen worden gebracht.

k X heeft Y bij exploot van 14 november 2002 gedagvaard voor de Rechtbank Roermond. De uitspraak van de Hoge Raad was op 20 februari 2009. Er zijn zes jaren en drie maanden verstreken tussen het moment van dagvaarding in eerste aanleg en de uitspraak van de Hoge Raad.

7 Het schrijven van een juridisch betoog

1 In onderstaande uitspraken is het standpunt onderstreept en is het argument schuin gedrukt weergegeven.

- **a** De verdachte mag worden aangehouden, *omdat aan alle voorwaarden is voldaan.*
- **b** *Uit de gegevens blijkt dat een particulier een fiets koopt in de winkel.* Er is dus sprake van een consumentenkoop.
- **c** Er kan helemaal geen sprake zijn van een rechtsgeldige overdracht. *Hij is namelijk niet beschikkingsbevoegd.*
- **d** *Als u het griffierecht niet betaalt,* wordt uw beroep niet in behandeling genomen.
- **e** Uiteraard is een surfplank een schip. *Hij blijft immers drijven.*
- **f** Het bestuursorgaan heeft onzorgvuldig gehandeld *door niet de rechtsmiddelenclausule in de brief te vermelden.*
- **g** *Aangezien hij ontoerekeningsvatbaar is,* zal de rechter hem ontslaan van alle rechtsvervolging.
- **h** *Uit artikel 3:44 lid 1 BW blijkt dat* u de overeenkomst kunt vernietigen.
- **i** *Vanwege zijn leeftijd* is hij handelingsonbekwaam.
- **j** Een huwelijk kan worden aangegaan door twee personen van verschillend of van gelijk geslacht *aldus artikel 1:30 lid 1 BW.*

2 De verzwegen rechtvaardiging is:

- **a** Als je een zaak koopt, dan moet je die betalen.
- **b** Als je belanghebbende bent bij een besluit, dan kun je in beroep gaan.
- **c** Als een voorwerp blijft drijven, dan is het voorwerp een schip.

3 Het ontbrekende deel van de redenering is:

- **a** Conclusie: de eigendom gaat over.
- **b** Rechtvaardiging: *Als* het griffiegeld niet binnen vier weken is betaald, *dan* wordt het beroep niet-ontvankelijk verklaard.
- **c** Argument: Ik houd het goed voor mijzelf.

4 Casus I 'McOntslag'

- **a** Ontslag op staande voet is niet gerechtvaardigd.
- **b** Er is geen dringende reden.
- **c** Ontslag op staande voet is gerechtvaardigd.
- **d** Er is een dringende reden.
- **e** Is er sprake van een dringende reden?
- **f** De rechter somt vijf omstandigheden op.
  1. Initiatief ging uit van collega.
  2. Geen bedoeling om in strijd met regels te handelen.
  3. Geen hoor en wederhoor toegepast.
  4. Plakje kaas heeft weinig waarde.
  5. Gemeten met twee maten.

5
- **a** Rechtvaardiging:
  - *Als* bij bedreigde de redelijke vrees kan ontstaan dat hij het leven zou kunnen verliezen *dan* is er sprake van bedreiging.
- **b** Toetsing voorwaarde redelijke vrees:
  - De gebruikte bewoording kan niet opgevat worden als een bedreiging.
  - Het bericht is afkomstig van een jongerennetwerk.
  - Aan het bericht zijn vijftien verschillende soorten smileys toegevoegd.
- **c** Standpunt:
  - Er is niet voldaan aan het vereiste van bedreiging (tegen het leven) *of* een dergelijke vrees heeft in redelijkheid niet bij bedreigde/minister-president kunnen ontstaan.

6
- **a** Het voorstel is tijdig gedaan, omdat de andere partij toch niet eerder zou reageren op het voorstel (of op vakantie was) *of* voor het indienen van een bezwaarschrift krijg je ook zes weken. (Eigenlijk moet u dan ook uitleggen waarom het voorstel te vergelijken valt met een bezwaarschrift.)
- **b** Het voorstel is niet tijdig gedaan, omdat de andere partij zelf een korte periode van reageren hanteert, namelijk drie weken.

7 Casus II 'De poster'

a Rechtsgevolg: openbaarmaking is niet geoorloofd
Voorwaarden:
- portret
- vervaardigd zonder daartoe strekkende opdracht
- openbaarmaking
- door degene die het auteursrecht heeft op het portret
- voorzover een redelijk belang van de geportretteerde zich verzet tegen openbaarmaking.

b Van openbaarmaking is sprake als publiek het portret kan zien (regel). Spaarnestad heeft namelijk het portret geplaatst in de uitgave van week 24 van het weekblad *Bellevue*. Dat blad is in de winkel te koop, waardoor de foto van Tiger voor iedereen (publiek) te zien is (argumenten). Er is dus sprake van openbaarmaking (conclusie/standpunt).

8 Casus III 'Jay Zie'

a Rechtsgevolg: iemand is niet strafbaar
Voorwaarden:
- Iemand begaat een strafbaar feit
- Dat feit kan hem niet toegerekend worden:
  - wegens de gebrekkige ontwikkeling van zijn geestvermogens; of
  - wegens de ziekelijke stoornis van zijn geestvermogens.

b Een strafbaar feit kan iemand niet toegerekend worden als iemand op grond van een ziekelijke stoornis geen afweging kan maken (regel). De onderzoekers in het Pieter Baan Centrum stellen vast dat Jay aan een schizoaffectieve stoornis lijdt. Deze stoornis zorgt ervoor dat hij in een waanwereld terechtkomt waardoor zijn psychotische overtuigingen en belevingen niet meer vatbaar waren voor enige realiteitstoetsing. Hierdoor was, aldus de deskundigen, geen sprake meer van enig vermogen tot het maken van een afweging (argumenten), zodat het doden van zijn moeder Jay niet valt toe te reken (conclusie/standpunt).

9 In deze casus is de regel: *Als* aan regeling is voldaan *dan* recht op maximaal € 749.

De voorwaarden van de regeling zijn:

■ Medewerker	aan voldaan
■ Minder dan 15 km van werk wonen	aan voldaan
■ Leidinggevende is akkoord met gekozen fiets	geen informatie (vertellen aan is niet hetzelfde als akkoord gaan)

a Antwoord a is fout, omdat duur geen voorwaarde is.

b Antwoord b is fout, omdat blijkt dat (nog) niet aan alle voorwaarden is voldaan.

10

Regel (R)	Het landhuis is een registergoed, zodat voor de overdracht de art. 3:84 lid 1 BW en 3:89 lid 1 BW van toepassing zijn.
Toetsen (T) (Koppelen + argumentatie)	Mevrouw Startstra is beschikkingsbevoegd, omdat zij de eigenaar is van het landhuis (*eigenaren zijn beschikkingsbevoegd – valt af te leiden uit art. 3:81 lid 1 BW*).
	Er is sprake van een geldige titel, omdat een koopovereenkomst als doel heeft de eigendom over te laten gaan tegen betaling van een koopprijs.
	De levering geschiedt volgens art. 3:89 lid 1 BW door de notariële akte in te schrijven in de daartoe bestemde openbare registers. Hiervan zal sprake zijn, omdat uit de casus blijkt dat de koop volledig is afgerond.
Conclusie (C)	Aan alle voorwaarden voor een rechtsgeldige overdracht is voldaan, zodat de heer Pareldal eigenaar is geworden van het landhuis (*antwoord*).

11

Regel (R)	In art. 3:1 lid 1 Awb is bepaald wanneer er sprake is van een besluit.
Toetsen (T) (Koppelen + argumentatie)	Er is sprake van een *beslissing*, omdat er sprake is van een wil met een definitief karakter. Er wordt toestemming gegeven
	Deze beslissing is *schriftelijk*, omdat deze, blijkens de brief van 9 februari 2010, op papier is gezet.
	De beslissing is genomen door de burgemeester en die is een *bestuursorgaan* in de zin van art. 1:1 lid 1 sub a Awb. Uit artikel 6 jo. 5 Gemeentewet blijkt immers dat de burgemeester een *orgaan* is van de gemeente. De gemeente is krachtens art. 2:1 BW een *rechtspersoon* en deze is *krachtens publiekrecht* ingesteld o.g.v. art. 123 Grondwet.
	De toestemming is een *rechtshandeling*, omdat er rechtens iets verandert. Iets wat eerst verboden was (terras exploiteren), is dat door deze beslissing niet meer.
	Het verstrekken van een vergunning is *publiekrechtelijk*, omdat alleen de burgemeester, een bestuursorgaan, exclusief bevoegd is om vergunningen toe te wijzen. Een burger kan dit niet doen.
Conclusie (C)	Aan alle voorwaarden van art. 1:3 lid 1 Awb is voldaan, zodat in de brief van 9 februari een besluit is vervat (*antwoord*).

12 Ontleed artikel 6:198 BW in rechtsgevolg en voorwaarden. Bepaal vervolgens de volgorde waarin die voorwaarden in een betoog behandeld dienen te worden.

Analyse

Rechtsgevolg: Er is sprake van zaakwaarneming

Voorwaarden:

- willens en wetens
- op redelijke grond
- inlaten met de behartiging van eens anders belang
- zonder de bevoegdheid te ontlenen aan:
  - een rechtshandeling; of
  - een elders in de wet geregelde rechtsverhouding.

De volgorde is:

- inlaten met de behartiging van eens anders belang
- zonder de bevoegdheid te ontlenen aan:
  - een rechtshandeling; of
  - een elders in de wet geregelde rechtsverhouding
- willens en wetens
- op redelijke grond.

13 Casus IV 'De bovenwoning'

a Rechtsgevolg: de rechter wijst de vordering toe
Voorwaarden:
- Er is sprake van dringend gebruik.
- (Samengevat) de belangenafweging valt in het voordeel uit van de verhuurder.
- De huurder kan passende woonruimte verkrijgen.

b De juiste volgorde is:
1. Er is sprake van dringend gebruik.
2. De huurder kan passende woonruimte verkrijgen.
3. De belangenafweging:
   - **a** belangen verhuurder;
   - **b** belangen huurder;
   - **c** afweging van de belangen.

Zie Tekst & Commentaar: '*Eenmaal gegeven* dat er dringend eigen gebruik aan de kant van de verhuurder is *en* dat de huurder over andere passende woonruimte kan beschikken, (dan pas) moet door belangenafweging worden vastgesteld (…)'

14 Casus V 'De bruidsjurk'

Ontleden en bepalen juiste volgorde van de artikelen zijn samengevoegd. Bij de volgorde is van belang dat u eerst begint met wat tussen partijen is afgesproken. Daarna past u de wet toe. Aangezien het tweede lid telkens een tegengesteld rechtsgevolg geeft ten opzichte van het eerste lid, is er sprake van nevenanalyse.

Analyse

Artikel 6 lid 1 Algemene Voorwaarden

Rechtsgevolg: annulering (lees: kosten) in beginsel geheel voor rekening en risico van de consument en ontslaat hem geenszins van zijn aangegane verplichtingen voortvloeiende uit de koopovereenkomst jegens de ondernemer

Voorwaarden:

- annulering van huwelijk
- om wat voor reden dan ook.

Dit is de hoofdregel die partijen hebben afgesproken. Er kan onder omstandigheden worden afgeweken.

Nevenanalyse

Artikel 6 lid 2 Algemene voorwaarden

Rechtsgevolg: annulering (lees: kosten) niet (geheel) voor rekening en risico van de consument en ontslaat hem (enigszins) van zijn aangegane verplichtingen voortvloeiende uit de koopovereenkomst jegens de ondernemer

Voorwaarden:

- uitzonderlijke omstandigheden *of* onvoorziene omstandigheden
- door consument aannemelijk te maken.

Soms biedt de wet een mogelijkheid om een tussen partijen geldende regel opzij te zetten. Bijvoorbeeld op grond van redelijkheid en billijkheid of, zoals in dit geval, op grond van onvoorziene omstandigheden.

Nevenanalyse

Artikel 6:258 lid 1 BW

Rechtsgevolg: rechter wijzigt de gevolgen van een overeenkomst of ontbindt deze geheel of gedeeltelijk (eventueel met terugwerkende kracht)

Voorwaarden:

- op verlangen van een der partijen
- op grond van onvoorziene omstandigheden
- onvoorziene omstandigheden zijn van dien aard
- dat de wederpartij

- naar maatstaven van redelijkheid en billijkheid
- ongewijzigde instandhouding van de overeenkomst niet mag verwachten.

Echter, niet elke onvoorziene omstandigheid komt daarvoor in aanmerking.

Nevenanalyse
Artikel 6:258 lid 2 BW
Rechtsgevolg: wijziging of ontbinding wordt niet uitgesproken
Voorwaarden:

- de omstandigheden komen krachtens de aard van de overeenkomst voor rekening *of* de omstandigheden komen krachtens de in het verkeer geldende opvattingen voor rekening
- van degene die zich erop beroept.

15 Casus VI 'De autogordel'

a Artikel 149 lid 2 Wegenverkeerswet 1994
Rechtsgevolg (bij inwilliging verzoek): ontheffing voor dragen autogordel
Voorwaarden:

- verzoek indienen
- bij minister (van Verkeer en Waterstaat).

Artikel 59 RVV 1990 in samenhang met artikel 92 RVV 1990
Rechtsgevolg: rijden zonder dragen autogordel is een strafbaar feit
Voorwaarden:

- bestuurder (passagier weggelaten)
- motorvoertuig (bromfiets weggelaten)
- geen gebruikmaken
- autogordel
- voor bestuurder beschikbaar.

b Allereerst moet vastgesteld worden dat Rutger Pier een strafbaar feit heeft gepleegd. Als hij namelijk geen strafbaar feit heeft gepleegd, doen zijn argumenten er verder niet meer toe. Daarna behandelt u de ontheffing. Als hij namelijk toestemming heeft om geen autogordel te dragen, vervalt zijn strafbaarheid. Ten slotte kijkt u of er een beginsel (i.c. het gelijkheidsbeginsel) is geschonden op grond waarvan toepassing van een regel achterwege blijft.

De juiste volgorde is dus:

1 artikel 59 RVV 1990 jo artikel 92 RVV 1990;
2 artikel 149 lid 2 Wegenverkeerswet 1994;
3 het gelijkheidsbeginsel.

c In dit geval hoeven de voorwaarden van artikel 59 RVV 1990 niet te worden getoetst, omdat Rutger Pier toegeeft dat hij het strafbare feit heeft gepleegd. U hoeft dan in uw betoog niet alles uit te werken, maar slechts te constateren dat er sprake is van een strafbare gedraging, omdat Rutger dit toegeeft.

16 Casus VII 'Het computerspel'
Een mogelijke uitwerking:
Opbouw: enig goed – toebehoren – wegnemen – oogmerk
of
Opbouw T&C: wegnemen – goed – toebehoren – oogmerk

Geen goede opbouw:
Oogmerk komt voor wegnemen en/of toebehoren komt voor enig goed.

Inleiding

Mark, Job en Geert spelen het onlinecomputerspel 'Society'. In dit spel kunnen spelers 'items' verkrijgen als een visum, examen of een vonnis. Deze 'items' bepalen de kracht van een speler in het spel. Hoe meer 'items' een speler heeft, hoe sterker hij is in het spel. Het komt voor dat spelers geld betalen om een 'item' van een andere speler te kopen.
Geert heeft veel van deze 'items'. Hij verandert bijna iedere twee dagen zijn wachtwoord van zijn account. Mark heeft een paar keer Geert om wat 'items' gevraagd, maar Geert heeft deze niet gegeven.
Na schooltijd geven Mark en Job Geert enkele klappen en nemen hem mee naar de woning van Mark. Daar wordt Geert achter de computer gezet en een mes op zijn borst gezet. Nadat Mark zijn keel heeft dichtgeknepen, verplaatst

Geert een aantal examens en vonnissen naar de accounts van Mark en Job. Geert kan deze examens en vonnissen nu niet meer inzetten in het spel. De vraag is of er in deze zaak sprake is van diefstal in de zin van artikel 310 Sr.

Kern: rechtsregels

Artikel 310 Sr

Wil er sprake zijn van diefstal dan moet er volgens artikel 310 Sr allereerst sprake zijn van een goed dat ten tweede aan een ander toebehoort dat ten derde weggenomen wordt door iemand die ten vierde het oogmerk had om dat goed zich wederrechtelijk toe te eigenen.

Kern: toepassen (koppelen + argumenteren)

Enig goed

Op zich is het geen probleem dat de 'items' waar het hier om gaat – vonnissen en examens – niet echt bestaan (d.w.z. van stof gemaakt), maar slechts waarneembaar zijn in een computerspel en dat je zo'n voorwerp niet kunt vastpakken (onstoffelijk). Uit jurisprudentie[1] blijkt namelijk dat ook onstoffelijke voorwerpen onder het begrip 'goed' van artikel 310 Sr kunnen vallen.
Beslissend is dat deze vonnissen en examens veel waarde[2] hebben voor spelers van het spel 'Society'. Hoe meer namelijk een speler van deze vonnissen of examens heeft, hoe sterker hij is in het spel. Daarnaast komt het voor dat spelers geld betalen voor dit soort 'items'. Geert weet dat zijn voorwerpen ('items') veel waard zijn, want hij verandert bijna iedere twee dagen zijn wachtwoord om zijn bezit te beschermen. Aan de voorwaarde 'enig goed' is dus voldaan.

Aan een ander toebehoren

Onder toebehoren wordt verstaan dat de bezitter zeggenschap heeft over het voorwerp.[3] Geert had zeggenschap over de vonnissen en examens. Deze voorwerpen zaten namelijk in het account van Geert dat hij afgeschermd had

1 HR 13 december 1997, *NJ* 1978, 593 en HR 2 december 1986, *NJ* 1982, 583.
2 *NLR*, suppl. 139, aant. 4 bij art. 310.
3 *Tekst & Commentaar* 2004, artikel 310 aantekening 8.

met een wachtwoord. Zodoende was hij de enige die kon bepalen wat er met de vonnissen en examens zou gebeuren, zoals het overplaatsen daarvan naar de accounts van Mark en Job. De voorwerpen behoorden dus toe aan Geert, zodat er sprake is van 'aan een ander toebehoren'.

Wegnemen

Van wegnemen is sprake als het voorwerp wordt onttrokken aan de feitelijke heerschappij van de rechthebbende. De voorwerpen behoorden toe aan Geert, zodat hij de rechthebbende was. Mark en Job hebben die voorwerpen onttrokken aan de feitelijke heerschappij van Geert. Zij hebben namelijk Geert gedwongen de voorwerpen te verplaatsen naar hun accounts. Hierdoor kan Geert deze vonnissen en examens niet meer inzetten in het spel, omdat hij geen zeggenschap (feitelijke macht) meer heeft over deze voorwerpen. Daarmee is voldaan aan 'wegnemen'.

Oogmerk van wederrechtelijk toe-eigenen

Het oogmerk van wederrechtelijk toe-eigenen houdt in dat het wegnemen geschiedt tegen de wil van de eigenaar en dat het de bedoeling is om het voorwerp voor zichzelf te houden. Dit wegnemen gebeurde tegen de wil van Geert. In eerste instantie wilde hij namelijk niet meewerken aan het verplaatsen – zelfs niet onder bedreiging van een mes –, maar nadat zijn keel werd dichtgeknepen, verplaatste hij een aantal examens en vonnissen.

Daarnaast hadden Mark en Job de bedoeling om deze examens en vonnissen voor zichzelf te houden. Zij lieten namelijk de voorwerpen naar hun accounts verplaatsen. Hierdoor verkregen zij meer voorwerpen om bij het spel in te zetten, waardoor zij sterker werden in het spel. Wie meer voorwerpen had, werd immers sterker. Aan beide voorwaarden van 'het oogmerk van wederrechtelijk toe-eigenen is daarom voldaan.

Conclusie

Aangezien aan alle voorwaarden is voldaan die artikel 310 Sr stelt, is er sprake van diefstal.